Karl Christian Friedrich Krause, Paul Hohlfeld, August Wünsche

Abriss der Geschichte der griechischen Philosophie

Karl Christian Friedrich Krause, Paul Hohlfeld, August Wünsche

Abriss der Geschichte der griechischen Philosophie

ISBN/EAN: 9783742813114

Hergestellt in Europa, USA, Kanada, Australien, Japan

Cover: Foto ©Klaus-Uwe Gerhardt /pixelio.de

Manufactured and distributed by brebook publishing software (www.brebook.com)

Karl Christian Friedrich Krause, Paul Hohlfeld, August Wünsche

Abriss der Geschichte der griechischen Philosophie

ABRISS

DER

GESCHICHTE

DER

GRIECHISCHEN PHILOSOPHIE

VON

KARL CHRISTIAN FRIEDRICH KRAUSE.

AUS DEM HANDSCHRIFTLICHEN NACHLASSE DES VERFASSERS

HERAUSGEGEBEN

VON

Dr. PAUL HOHLFELD und Dr. AUGUST WÜNSCHE.

MIT EINEM ANHANGE: DIE PHILOSOPHIE DER KIRCHENVÄTER UND DES MITTELALTERS.

LEIPZIG

OTTO SCHULZE

21 Quer-Strasse 21

1893.

DEM GEHEIMEN HOFRATH
UND ORDENTLICHEN PROFESSOR DER PHILOSOPHIE
AN DER UNIVERSITÄT LEIPZIG,

HERRN D^{R.} MAX HEINZE,

DEM GRÜNDLICHEN KENNER UND LICHTVOLLEN DARSTELLER
DER GROSSEN WISSENSCHAFTSYSTEME,
EINSCHLIESSLICH DER KRAUSE'SCHEN WESENLEHRE,

HOCHACHTUNGSVOLL

DIE HERAUSGEBER.

Krause's gedrängte Geschichte der griechischen Philosophie dürfte wegen des mässigen Umfanges, der leichtverständlichen Darstellungsweise und des ansprechenden Inhaltes geradezu in erster Linie jedem empfohlen werden, welcher sich bisher von dem Studium des grossen Denkers durch ein dunkles Gerücht von der Unverständlichkeit und Ungeniessbarkeit aller seiner Werke hat abschrecken lassen.

Für die wissenschaftliche Beurtheilung des hier von Krause gebotenen Geschichtlichen weisen die Herausgeber, wie schon in der Vorrede zum Grundriss (S. XIV), auch jetzt wieder darauf hin, dass es billigerweise unmittelbar und zunächst nur mit dem bis zum Jahre 1829 von Anderen Geleisteten verglichen werden darf.

Dass diese Schrift wenigstens als ein neuer Beitrag zur Kenntniss Krause's als Geschichtschreibers und Geschichtsphilosophen der wissenschaftlichen Entwickelung der Menschheit einen gewissen selbständigen Werth hat, wird wohl Niemand in Abrede zu stellen wagen.

Besonders sei eine unbefangene Prüfung und gerechte Würdigung der Werthurtheile, welche Krause von dem ihm eigenen Standorte, dem der Wesenlehre, aus über Denker und Systeme der Vorzeit fällt, jedem wahrheitsliebenden Leser dringend ans Herz gelegt.

Dresden,   **Die Herausgeber.**
am Tage der Wiederaufrichtung des Deutschen
Reiches, am 18. Januar, 1893.

Die griechische Philosophie.

A. Allgemeine Vorerinnerung.

Ein neues Leben begannen in frischer Jugendkraft die urgeistigen, schönsinnigen Stämme der Griechen, welche schon an zweitausend Jahre vor unserer Zeitrechnung durch Sprache und vielfache gesellschaftliche Bande unter sich vereinigt waren.

Allerdings erhielten auch sie die Grundlagen ihrer Lebeneinrichtungen, ihrer Wissenschaft und ihrer Kunst mittelbar aus Indien, aus Persien, aus Aegypten, von den Phönikern und zum Theil von noch andern Völkern, wohl auch von den Kelten; aber sie gestalteten diese Grundlagen in durchaus eigenthümlichem Geiste zu einem organischen Ganzen des hellenischen Lebens. Auch die Wissenschaft bildeten sic urneu; zuerst zwar im Vereine mit Religion und Poesie, sodann aber auch frei und selbständig.

Nicht, als ob die Wissenschaft überhaupt, und die Philosophie insbesondere, sich von Religion und Poesie isoliren und trennen sollte, oder könnte; oder wohl gar der Religion und der Poesie fremdartig, oder hinderlich, oder nachtheilig wäre, oder beide überflüssig machte. Im Gegentheil: die Wissenschaft ist durch und durch religiös und poetisch. Es wird nur behauptet, dass das Erkennen der Wahrheit rein als solches, als reiner Gedanke, rein selbständig in seiner Gewissheit, zur Ueberzeugung selbstgenug ausgebildet werde.

Anfänglich nun sind gemäss dem kindlichen Zustande des Lebens Religion und Kunst (Poesie) und Wissenschaft ungeschieden, unselbständig gegen einander, dann gewinnt jede dieser drei Grundbestrebungen der Menschheit Selbständigkeit, dann durchdringen sie sich, dann vereinigen sie sich, dann vollenden sie sich wechselseitig durcheinander.

Diesen Gang nimmt die Entfaltung der Wissenschaft hinsichts der ganzen Menschheit; — ihn wiederholt auch die Entwickelungsgeschichte des griechischen Volkes.

Durch Ort und Zeit nunmehr getrennt von dem indischen, persischen und ägyptischen Leben, mussten die griechischen

Denker die ganze Bahn des wissenschaftlichen Strebens nach eigenem Ermessen und Plane durchgehen; und sowie das Leben des griechischen Volkes überhaupt ein vollständiges, eigenschönes Gleichniss des gesammten Menschheitlebens ist, so gewährt auch die griechische Wissenschaftbildung ein verjüngtes, in seinen Grenzen vollständiges Gleichnissbild der Entwickelung der Wissenschaft durch die Menschheit der ganzen Erde.

B. Eintheilung der hellenischen Wissenschaftentwicklung in Hauptperioden und untergeordnete Perioden.

Die Geistesentwickelung, — die intellectuelle Kultur der Griechen beschreibt, ähnlich der ganzen Geschichte der Menschheit, drei **Hauptperioden**: die der Kindheit, der Jugend, der Reife; oder der Gestaltung in der ungeschiedenen Einheit, der Entfaltung der selbständigen Vielheit und der Vereinigung der Vielheit in und unter der Einheit und durch selbige. Sie fallen der Zeit nach zusammen mit den gleichen Perioden des ganzen hellenischen Lebens.

I. Das Zeitalter des Keimens, des Ursprungs und Anfanges der geistigen, intellectuellen Bildung.

Den Beginn dieses mythischen Zeitalters können wir wohl über 2000 Jahre vor Christus setzen, da wir 2000 Jahre vor Christus schon Städte und gebildete kleine Staaten in Griechenland finden, z. B. Sikyon um 2100 vor Chr. Es ist dies zugleich ein Ausgehen von höheren Ganzen der Kultur; und es ist mythisch, ja die Welt des griechischen Mythus, der Mythenkreis der hellenischen Völker hat sich in dieser Periode ebenfalls erst stammthümlich und volkthümlich ausgebildet und abgeschlossen.

Die geistige Kultur der Griechen scheint ausgegangen zu sein:

a) von der altasiatischen Kultur; vorzüglich wohl den Küsten des Schwarzen Meeres entlang; darauf deuten hin

α) die noch übrigen Erzählungen und Beschreibungen vom Argonautenzuge; worin z. B. eine Beschreibung eines Tempels der Naturgöttin vorkommt, der ganz mit dem Bau indischer Pagoden übereinkommt;

β) die Sprache, deren grosse Verwandtschaft mit dem Sanskrit Bopp nachgewiesen hat.

b) Von alteuropäischer Völkerkultur, vielleicht also: vom alteuropäischen Keltenthum. Vornehmlich in dem alten thrakischen Stamme der Pelasger, der zuerst ungefähr 1800 Jahr vor Christus unter Inachos auftritt und sich nach Thessalien und weiter herabzog, auch die Staaten von Argos und Sikyon gründete; 1550 Jahr vor Christus aber von dem südlichen Hauptstamme der Griechen wieder vertrieben wurde. Von dem thrakischen Pierien aus breitete sich hernachmals die Musenkunst über Griechenland aus, auch waren die Pelasger die Stifter der Mysterien auf Samothrake (siehe hierüber Herodot II. und Schelling's Abhandlung über die Gottheiten von Samothrake).

Rixner, S. 44, meint, dass diese ältere pelasgische Kultur vielleicht geradezu aus Indien abgestammt habe. Ich vermuthe, dass sie ursprünglich das älteste Druidenthum gewesen, sich aber schon vielleicht 2000 Jahre vor Christi Geburt mit indischer Kultur vermischt und vereint habe. Dass sie, wie Rixner sagt, eigentlich Mystik gewesen und den Charakter der Innerlichkeit gehabt, ist nicht zu bezweifeln, da dies der Charakter sowohl des Druidismus, als auch des Brahmaismus ist.

c) Von der Kultur der Völker Vorderasiens und Afrika's aus. Der Parsismus scheint auch Einfluss gehabt zu haben in seiner Urgestalt, die er vor Zerduscht hatte. Dann aber vornehmlich Phöniker und Aegypter von den Küsten des Mittelmeeres aus. Diese theilten sich den südlichen Stämmen Griechenlands mit, den Hellenen. Einige vermuthen, dass die Hellenen vom Kaukasus hergekommen, Andere, dass sie ein uralter Abzweig der Pelasger seien; sie theilten sich in Dorer, Aeoler, Ionier und Achäer. Kekrops aus Aegypten baut 1558 Athen, Danaos aus Aegypten kommt 1500 nach Argos; Kadmos aus Phönikien gründet um dieselbe Zeit Theben. Späterhin werden auch die besiegten Pelasger unter dem Namen: Hellenen begriffen. Den durchgängigen und andauernden Einfluss der phönikischen und der ägyptischen Bildung auf die Entwickelung der griechischen Kultur bewährt die ganze Kolonisations- und Civilisationsgeschichte Griechenlands.

Aber diese von aussen angewonnenen Elemente der Kultur stritten zum Theil unter sich (wie das phönikische und das ägyptische, und beide mit dem altindischen), zum Theil mit dem angestammten Sinne und Gemüthe der griechischen Urvölker und mit ihren uralten häuslichen und Stammeinrichtungen, mit der griechischen Freiheit und ihrem poetischen Sinne, mit ihrem Sinn für freigestaltete Schönheit. So die symbolische und emblematische Beschaffenheit aller dieser fremden Lehren und Kulturanfänge. Daraus erklären sich zwei in der Entwickelungsgeschichte der Griechen wichtige Erscheinungen:

α) die Aufnahme der empfangenen mythischen und symbolisch-allegorischen Lehren und Dichtungen in den eigenen

Geist des Griechenthumes, durch Verschmelzung mit ihrer vaterländischen Geschichte und durch Aufnahme in reine, freie Poesie und Plastik, nach dem Ideal der schönen Menschlichkeit und Menschheit. Statt der alten indischen, vielleicht zum Theil auch keltischen, emblematisch-philosophischen und historischen Mythologie schufen sie eine hellenisch-historische. Aber auch in dem hellenischen Mythenkreise zeigen sich noch deutlich die Ursitze und Urquellen der uralt-griechischen Kultur und der alten fremdvolklichen Lehren und Lehrbilder (Embleme, Symbole, Allegorien).

β) Das Zurücktreten der mystischen, emblematischen und allegorischen Lehren in Geheimnisse, in Mysterien, geheimgeübt von den Priestern, im Gegensatze mit der Volkspoesie und der Volksreligion. Es sind aber die alten Lehren und Religionsbegriffe und Gebräuche nicht erst durch diesen Gegensatz geheim, zu Mysterien, geworden, sondern sie sind es von Anbeginn gewesen und haben sich hernachmals als solche nur erhalten, und zwar bis zum Untergange des Heidenthums bis ins 7. Jahrhundert nach Christus. Die Verbindung dieser Mysterien mit dem Volke ist durch die Orakel verwirklicht, deren viele Aussprüche auf Weisheit und Wissenschaft hindeuten; wie der Ausspruch wegen des Dreifusses, ferner der über Sokrates. Dass in diesen Mysterien ein philosophisches Element gewesen, ist nicht zu bezweifeln, und zwar ein näheres, als in der Volkspoesie und der Volksreligion; dass aber diese letzteren der Entfaltung der Philosophie überhaupt ungünstig gewesen, ist nicht anzunehmen, da Poesie und Philosophie geschwisterlich Hand in Hand gehen, da der hellenische Polytheismus das Göttliche in allen Dingen nicht verkennt und die Idee reiner Menschlichkeit auf eigene Weise darstellt und den Geist der Forschung vielmehr belebt und aufregt. Dass sich die Philosophen, sowie sie die Einheit Gottes zu ahnen anfingen, der Volksreligion entgegenstellten, ist gewiss, aber eben diese, z. B. Sokrates, Platon und Aristoteles, hielten auch nicht viel von den Mysterien und der in ihnen dargestellten Lehre, dem ἱερὸς λόγος, weder in wissenschaftlicher Hinsicht, noch in Ansehung ihrer erziehenden Kraft für die sittliche und religiöse Bildung des Einzelnen und des Volkes.*) Die Mysterien mussten schon ihrer eigenen mythischen Befangenheit nach die freie Forschung der selbständigen Wissenschaft ebenso scheuen, wie die Volksreligion, und überhaupt ist

---

*) Man kann sagen, dass die griechische Philosophie aus der überlieferten, in Religionsgebräuche zugleich eingekleideten altasiatischen Lehre entstand, die hernach bei den Griechen in Mysterien eingehüllt wurde. Nicht aber, dass die Philosophie der Griechen aus der Religion entstanden (Rixner, S. 42).

nichts der Wissenschaftforschung so ungünstig, als Hehlsucht und Geheimnisskrämerei.*)

Ritter behauptet (S. 145) mit Lobeck wider Creutzer, dass vor Homer kein geheimer Gottesdienst nachgewiesen werden könne, und dass es höchst wahrscheinlich sei, dass früher keiner dagewesen. Dagegen sind aber die ältesten Thatsachen der Geschichte. — Allerdings sind von den Mysterien selbst die Lehren gewisser Priesterschulen zu unterscheiden, welche dann, zumal in früherer Zeit, in exoterische Philosopheme zum Theil übergegangen sein und sich darein weiter ausgebildet haben mögen.

Die Hauptergebnisse der allgemeinen intellectuellen Kultur der Griechen in dieser Urzeit, welche Gemeingut der Gebildeten im Volke geworden, sind in den homerischen und hesiodischen Gedichten niedergelegt, die sodann als einzige Quellen ihrer Götterlehre gelten (siehe Ritter, S. 143).

In der ersten Hauptperiode der intellectuellen Bildung ist die Erkenntnis der Wahrheit und das Streben nach Erkenntniss noch unselbständig verschlungen in die noch unentfaltete Einheit des Lebens; — noch nicht selbständig gegen die Religion und die Kunst und die Geselligkeit (im Hausleben und Staatsleben).

II. Das Zeitalter der selbständigen Entfaltung der Wissenschaft in der Entwickelung, der Gestaltung des Mannigfaltigen, bis zur Erhebung zu der Einheit (1300 vor Christus bis 400 vor Christus).

Hier zeigen sich wieder drei untergeordnete Perioden gemäss dem allgemeinen Entfaltgesetze alles Lebens.

A. Die erste untergeordnete Periode befasst die Anfänge der Wissenschaft und der Weisheit in Orpheus und andern ihm gleichzeitigen, oder nahezeitigen Dichtern und in den sogenannten sieben Weisen Griechenlands, von 1300 vor Christus bis 640 vor Christus. In Orpheus u. A. waltet noch das Mythische und Mystische der inneren Anschauung vor, in den sieben Weisen aber tritt uns die praktische Richtung auf das gesellschaftliche Leben in den Familien und in den Staaten entgegen, also Sittensprüche und Rechtssprüche (Gnomen).

Noch im Gewande der Poesie, — wenigstens der metrischen Rede, wie auch ursprünglich bei den Indern, die noch lange fort beibehalten wurde, nachdem der Inhalt selbst nicht mehr poetisch war, sondern reine, selbständige Wahrheit enthielt. (In einer noch unentwickelten Einheit in sich.)

---

*) Zu würdigen ist des Sophisten Diagoras Polemik wider beides, die Volksreligion und die Mysterien (siehe Rixner, 2. Ausgabe I, S. 160).

B. Die zweite Unterperiode der zweiten Hauptperiode der hellenischen Philosophie geht von Thales bis zu den Sophisten.

In dieser kurzen, aber schnell fortschreitenden und sich aufschwingenden Zeit sehen wir die entgegengesetzten Gebiete und Richtungen der Wissenschaft und der Wissenschaftforschung gegeneinander ziemlich vollständig ausgebildet. Die Natur, der Geist, der Mensch und Gott sind die Gegenstände der Forschung, die von verschiedenen Philosophen und Schulen überwiegend betrachtet werden. Die Naturbetrachtung, überhaupt die Betrachtung des Sinnlichen und der sinnlichen Welt, hebt an; die Betrachtung des Geistes, des Menschen und der Gottheit folgt. Die Wissenschaft gewinnt in dieser Periode nach und nach Methode und logische Form, weil nach und nach das Denken und Erkennen auch Gegenstand des Nachdenkens und der Forschung wird.

Wir sehen also in dieser zweiten Periode ein Ausgehen vom Einzelnen, ein Aufstreben zum Ganzen, zur Vereinigung aller Gegenstände und Geistrichtungen in Ein System und zu der Erfassung der ursprünglichen Einheit als Principes und selbst erste Versuche eines allumfassenden Systems der Wissenschaft.

In der ionischen Schule waltet Naturbetrachtung und Speculation über die sinnliche Erfahrung vor und leitet den Geist zu Betrachtung des Geistes und des höheren Principes der Gottheit fort. Und neben der Naturbetrachtung werden auch das Handeln und die gesellschaftlichen Verhältnisse des Menschen Gegenstand der Forschung; in den ersten Gedanken von Tugend, Gerechtigkeit, Frömmigkeit und Schönheit; oder von Pflicht, Recht, Religion und Kunst, welches zweite aber mit der ersten nicht wissenschaftlich verbunden ist.*)

In der eleatischen Schule wird dagegen schon zuerst und als das Erstwesentliche die Einheit, als das unänderliche, ewige Sein, im rein geistigen Gedanken erfasst, dagegen die Wesenheit der Mannigfalt und des Lebens nicht erkannt.

Ihnen entgegen wendet sich die Speculation des He-

---

*) Die Bildkreise dieser zweiten untergeordneten Periode greifen alle ineinander
    a) hinsichts der Zeit: Ionier, Pythagoreer, Eleaten;
    b) hinsichts der Lehre; jede hat mit jeder verwandte Lehren, nach dem ewigen Entfaltgesetze des endlichen Geistes;
    c) auch durch einseitige und zum Theil wechselseitige geschichtlicheigenlebliche Bekanntschaft, wie es unter gleichzeitigen und theilgleichzeitigen und ortnahen Denkern nicht anders zu erwarten. Auch giebt es schon Schüler in Schulen und Geistverwandte und Freunde.

rakleitos, des Demokritos und des Leukippos der Betrachtung des ursprünglich Mannigfaltigen und der Veränderung, dem Werden, zu. Anaxagoras erhob sich zwar zuerst von der Naturbetrachtung aus zu der Anerkenntniss Gottes als des Principes des Lebens in der Natur, kam aber nicht zu der Anerkenntniss der ursprünglichen Einheit, — nicht hinaus über den Dualismus von Gott und Welt, indem Gott gleichsam die Welt fertig und bestehend vorfindet und auf sie, als auf ein Aeusseres, beseelend und bildend einwirkt. Der einzige Pythagoras scheint zu dem ersten allumfassenden System gelangt zu sein, indem er Gott als die Einheit und die Welt als ein gottähnliches System des Vielen betrachtete, auch zugleich die theoretische und die praktische Philosophie in der unbedingten Einheit der Gottheit, der Monas, umfasste und vereinte, auch Sprachwissenschaft und Mathesis in das Ganze seines Systems aufnahm. Da aber alle diese Speculationen den Gegensatz des erkennenden Geistes und der erkannten Wahrheit, des Subjectiven und des Objectiven, nicht gründlich erfasst und die Frage nach der objectiven Gültigkeit unserer Begriffe und Urtheile nicht gelöst hatten, so musste nun

C. in der dritten Periode dieser zweiten Hauptperiode auch noch dieser Gegensatz zur Erkenntniss und Anerkenntniss gebracht werden, damit er in der nächsten Hauptperiode seine Erledigung finden konnte. Dies geschah durch die sogenannten Sophisten, welche vorzüglich auf Ausbildung des logischen und dialektischen, und zwar subjectiven, Theils der Wissenschaft gerichtet waren; aber meistens einestheils in die Denkart verfielen, dass objective Wahrheit nicht zu finden sei, und dass jeder endlichen Behauptung eine widersprechende entgegenstehe, welche sich auch vertheidigen lasse; anderntheils aber in eine anmassende Vielwisserei verfielen. Da Sokrates und Platon sich gegen diese beiden Vorurtheile der sophistischen Schulen wandten, so hat man sich gewöhnt, ihre Denkart als grundverkehrt und als der Wissenschaft bloss hinderlich zu betrachten, da doch vielmehr diese Denker ein wesentliches Glied im Fortschritt der hellenischen Philosophie zu ihrer Vollendung ausmachen und gerade die Forschung des Sokrates und des Platon mit veranlasst und hervorgerufen haben, indem sie die Kenntniss aller bisherigen Systeme, vornehmlich in Athen, verbreiteten und die Unzulänglichkeit derselben dialektisch nachwiesen; besonders aber dadurch, dass sie den philosophirenden Geist auf die Nothwendigkeit der Selbsterforschung und Selbsterkenntniss des Geistes als Bedingung der menschlichen Wissenschaft und des Systems der menschlichen Wissenschaft unvermeidlich hintrieben.

III. **Das Zeitalter der Reife.** Einheit, in ihr das Mannigfaltige als Vereinheit (Harmonie).

Hieraus ergiebt sich folgende Periodik der hellenischen Wissenschaftbildung oder Philosophie (nach drei Perioden und neun Unterperioden):

I. **Hauptperiode.** Die der unentwickelten Einheit (der Kindheit). Ueber 2000 vor Christus bis gegen 1300 v. Chr. Nach den drei Momenten oder Theilperioden:
1. Perioden des reinen, eigenen Lebens der hellenischen Urstämme,
2. Periode der Aufnahme fremdvolklicher Grundanfänge der Bildung,
3. Periode der Vereinbildung derselben mit dem ursprünglichen hellenischen Volksgeiste.

II. **Hauptperiode.** Die der selbständigen Entwickelung des Mannigfaltigen im Aufstreben zu der Vereinheit und der Einheit (von 1300 vor Christus bis gegen 400 vor Christus; von Orpheus bis Sokrates).
1. Periode. Die Anfänge der Hervorbildung des Mannigfaltigen der Erkenntniss aus der unentwickelten Einheit der ersten Hauptperiode. Orpheus und die sieben Weisen.
2. Periode. Selbständige Ausbildung des Mannigfaltigen der Wissenschaft nach Inhalt und Form, von Thales bis zu den Sophisten.
3. Periode. Umkehr des Geistes zu sich selbst und Bestreben, den Gegensatz des Subjectiven und des Objectiven zu vereinen; Sophisterei.

III. **Hauptperiode.** Die der Einheit, worin das Mannigfaltige in Vereinheit. (Die Wissenschaft als Organismus, von 400 vor Christus bis ins 6. Jahrhundert nach Christus.)
1. Periode. Erfassung der Einheit und der Idee der Wissenschaft in dem Einen Princip und erste Versuche des Systems der Wissenschaft. Sokrates, die reinsokratischen Schulen, Platon, Aristoteles.

Die reinsokratischen Schulen: die kynische, kyrenaische, megarische, pyrrhonische, sind sämmtlich gebildet durch einseitige Bildung der einseitigen, ingeistigen (subjectiven) Richtung der sokratischen Denkweise; ohne Erfassung und Fortbildung des sachwesentlichen (objectiven) Theiles des sokratischen Entwurfes. Daher erklärt sich ihr Verfallen und Zerfallen in Gegenäusserste (opponirte Extreme) und die endliche Selbstvernichtung der sokratischen Denkweise, durch verzerrende Uebertreibung (karikaturähnliche Verbildung) im Pyrrhonismus, worin das sokratische Streben als leerer, erfolgloser Anlauf sich vernichtet.

2. Ausbildung des Wissenschaftsystems nach zwei entgegengesetzten, einseitigen Richtungen und nach der aus beiden vereinten Richtung: Stoiker, Epikureer, Akademiker.
3. Erneutes Bestreben, das Eine Wissenschaftsystem zu gestalten, und zugleich die Wahrheit aller früheren hellenischen Systeme darin aufzunehmen.*)

Von der ersten Hauptperiode, der der Kindheit, ist nicht nöthig, hier ein Mehreres zu sagen.**)

Wir beginnen also die ausführlichere Darstellung der

zweiten Hauptperiode der hellenischen Philosophie,

und zwar der

ersten Periode desselben.

Die Anfänge der Hervorbildung des Mannigfaltigen der Erkenntniss aus der unentwickelten Einheit der ersten Hauptperiode.

(Gegen 1300 vor Christus bis gegen 600 vor Christus.)

Epoche I. Hier treten zuerst die Dichter Orpheus, Linos, Musäos und andere des 13. Jahrhunderts vor Christus hervor, welche nicht nur Heroen besangen, sondern auch die uralt überlieferten Weisheitslehren und Sprüche verkündigten, indem sie zugleich die Geburt der Götter und den Ursprung des Weltalls und seiner Wesen lehrten, — Theogonien und Kosmogonien vortrugen. Man hat vermuthet, dass Opheus gar keine geschichtliche Person sei. Das erhellt vornehmlich aus einer Stelle des Cicero de nat. deor. I, 36: Opheum poetam docet Aristoteles numquam fuisse; et hoc orphicum carmen Pythagorei ferunt cujusdam fuisse Ceropis. Aber die sonstigen Zeugnisse des Alterthums bezeugen das Gegentheil. Allerdings wurden wieder viele orphische Hymnen späterhin untergeschoben. Es lebte schon im 6. Jahrhundert vor Christus ein Verfälscher musäischer und orphischer Orakelsprüche, Onomakritos (Herodot VII, Kap. 6: Ὀνομάκριτον, ἄνδρα Ἀθηναῖον, χρησμολόγον τε καὶ διαθέτην χρησμῶν τῶν Μουσαίου).

---

*) 1. Die absteigenden Lebensalter kommen bis dahin nicht vor, weil das hellenische Volk sein Leben nicht vollführt hat.
2. Die hellenische Philosophie hat auch in der römisch-orientalisch-griechischen Reihe noch fortgelebt; aber mehr reproductiv und bloss philologisch.
3. Im Abrisse habe ich eine andere, mehr äusserliche und theilheitliche Eintheilung getroffen; die hier mitgetheilte ist gründlicher, sie ist der Philosophie der Geschichte gemäss und neu.
**) Lehrbaubemerk. Die uralte indische Kulturgeschichte verspricht noch Aufklärung durch die noch vorhandene indische Literatur; die uralte hellenische wenige, oder gar keine.

Wohl mögen die noch jetzt vorhandenen Ueberbleibsel der orphischen Opfergesänge später verfasst, oder umgearbeitet worden sein; gleichwohl weht uns daraus der mythische und mystische Geist dieser früheren Epoche an. (Siehe z. B. No. II der Rixner'schen Belege.) In diesem schönen Bruchstücke ist der Gedanke: die ganze Natur als Einen grossen beseelten Menschenleib vorzustellen, vorherrschend.*)
Sonst sind wohl die meisten der angeblichen Fragmente des Opheus und des Linos unecht.

Das Weltall, lehrten sie, sei aus dem Chaos entsprungen; und Orpheus insbesondere überlieferte noch die Mythe von dem grossen Weltei (τὸ ὑπερμεγεθὲς καὶ πρωτόγονον ᾠόν), Lehren, die alle an die indischen Lehren im Vedam und Oupnek'hat erinnern. — Bei dem Chaos scheinen sie sich die unentwickelte Einheit des noch ungeschiedenen, unentfalteten Stoffes selbst gedacht zu haben.
So sagt Orpheus in einer Stelle in des Apollonios Argonautika 1, 496 ff.: — ὡς γαῖα καὶ οὐρανὸς ἠδὲ θάλασσα
τὸ πρὶν ἐπ' ἀλλήλοισι μιῇ συναρήροτα μόρφῃ
νείκεος ἐξ ὀλοοῖο διέκριθεν ἀμφὶς ἕκαστα.
Und Linos in einer Stelle im Prooemium des Diogenes Laërtios: ἦν ποτέ που χρόνος οὗτος, ἐν ᾧ ἅμα πάντ' ἐπέφυκεν.

Es wurde also das Chaos gedacht als Materie (ὕλη), die nur noch ungestaltet, und zwar als allumschliessend (περιέχον), weil alles Bestimmte als in selbiger aus der ungeschiedenen Einheit entfaltet gedacht wurde.

Nach dem Zeugniss des Suidas waren die Principien der orphischen Kosmogonie: der Aether, das Chaos und die Nacht. Nach Simplikios auch die Zeit; nach Apollonios Rhodios der Himmel, die Erde und das Meer.

Die Mythe vom Weltei erzählt Athenagoras, ein platonischer Philosoph und Kirchenvater des 2. Jahrhunderts, die aber durch ihre emblematischen Bilder unverständlich ist; Herakles, wird gesagt, habe das Ei gezeugt, es habe sich erschlossen, und daraus seien Himmel und Erde hervorgegangen.

Wenn nun erzählt wird (Horatius de arte poetica v. 391 ff.), dass Orpheus und Amphion der noch rohen Menschen Sitten gemildert und sogar Tiger und Löwen gezähmt, so ist daraus noch das Streben dieser Dichter und Weisen ersichtlich, ihr Volk zu civilisiren und für Liebe, Frieden und gesittetes Beisammensein in Ehe und geordnetem Hauswesen durch Religion, Poesie und Sittenlehre zu bewegen.

Die neueste Ausgabe der angeblichen Ueberbleibsel des

---

*) Auch Swedenborg lehrt, dass der Himmel die Gestalt eines grossen Menschen habe.

Orpheus ist: Ὀρφέως ἅπαντα cum notis variorum et indice ed. Gesner et Hamberger 1764, das zweite Mal herausgegeben von Hermann; Leipzig 1805. Ganz übersetzt von Dietsch 1722. Noch ist hinzuweisen auf: Orpheus poetarum graecorum antiquissimus. Göttingen 1824.

Epoche II. Die griechischen Staatsmänner, Gesetzgeber und Weisen (σοφοί) Griechenlands (zwischen der 40. und 50. Olympiade), von denen gewöhnlich sieben genannt werden. Siehe Tennemann (1. Ausgabe Band I, S. 54 ff.). „Mehrere Gesetzgeber und staatskluge Männer lebten um diese Zeit, welche nicht gemeine Kenntnisse gesammelt und die Erfahrungen ihres Lebens mit den Einsichten voriger Zeiten und entfernter Nationen gepaaret hatten. Sie wurden unter ihren Zeitgenossen und Nachbarn mit dem Namen Weise (σοφοί) beehrt, welche sie mehr durch ihre praktischen Kenntnisse, durch ihre Grundsätze und ihren Charakter, als durch eigentliche Wissenschaft verdient haben (vgl. Diogenes Laërtios I, § 40). Allein, obgleich alle diese Weisen, eben so wenig als die vorzugsweise sogenannten sieben Weisen, eine Stelle in der Geschichte der Philosophie erhalten können, so beweisen doch die von ihnen überlieferten Sagen, dass der menschliche Geist zu der Zeit anfing, das Bedürfniss einer höheren Erkenntniss zu fühlen. Wenn gleich in den Ueberlieferungen von den Zusammenkünften und Gastmahlen der sieben Weisen, von ihren Räthseln und Aufgaben, von den in dem Tempel zu Delphi aufgezeichneten Denksprüchen Vieles erdichtet ist, so scheinen doch einige wahre Thatsachen zum Grunde zu liegen. Dass mehrere von diesen Männern Reisen unternahmen, als Solon nach Aegypten und an den Hof des Krösus, dass an diesem einige zusammentrafen und Bekanntschaft mit einander machten, dass Krösus an seinem Hof aus Eitelkeit, oder zu seinem Vergnügen noch andere ihrer Kenntnisse wegen berühmte Männer um sich her versammelte, dies alles scheint historisch ausgemacht zu sein, und es ist so natürlich, dass man es ohne historische Zeugnisse vermuthen müsste. Männer von Talent und Geschicklichkeit suchen die Paläste der Könige und Reichen auf und sind ihnen willkommen; beide finden dabei ihre Rechnung (vgl. Platon epistol. II, S. 56). Aber hierdurch wird der Trieb nach Erweiterung und das Bedürfniss inniger Mittheilung zwar mehr geweckt, aber nicht befriedigt; nur in dem Bande der Geistesverwandten findet er Nahrung und Genuss. Dieser Wunsch nach Verbindung steigt in dem Verhältnisse, als es weniger Edele giebt, die diesen Geistesgenuss geben und empfangen können." Diese machen den Uebergang von der mythischen und mystischen Theologie und Lebensweisheit zu der öffentlichen, volkkundigen, exoterischen Geistesbildung und Lebensweisheit, welche zunächst auf Sitte und Recht gerichtet war, als reinmenschliche Weisheit. Ihre Lehren haben sich in Denksprüchen, Gnomen, meist Sittensprüchen und Lebensregeln, aber auch als gnomonisch praktische Weisheit erhalten.*) Die Urheber dieses Lehren waren meist Gesetzgeber und Bildner der ältesten griechischen Freistaaten.

Lykurgos (800 Jahre vor Christus) in Sparta, Drakon (630 vor Christus) und Solon (600 Jahre vor Christus), beide in Athen. Mit ihnen gleichzeitig lebten mehrere, welche Zeitgenossen und sich einander nicht unbekannt waren, welche man aber vorzugsweise die sieben Weisen Griechenlands nennt. Es sind gewöhnlich (nach Diogenes Laërtios) Solon von Athen, Thales von Milet, Pittakos aus Mytilene, Bias von Priene, Kleobulos aus Rhodos, Chilon von Lakedämon und Periandros von Korinth.

Platon (im Protagoras) ordnet sie so: Thales, Pittakos, Bias, Solon, Kleobulos von Lindos, ein Rhodier, Myson von Chen, Chilon.

Einige setzen noch einen achten hinzu: entweder den Periandros von Korinth, oder den Anarcharsis, den Skythen, oder Aesopos, den Phryger, oder Epimenides, den Kreter.

Von ihnen allen scheint allein Thales ein zusammenhängendes Ganzes der Erkenntniss gebildet zu haben, welches als Anfang des Systems der Philosophie angesehen werden kann. Er gehört schon zugleich der nächsten Periode an.

Die Denksprüche dieser Weisen finden sich bei Plutarch, Stobäos und Ausonios. Daraus hat Rixner in der zweiten Ausgabe seiner Geschichte der Philosophie die geistreichsten zusammengestellt; vgl. de Larrey, Histoire des sept Sages, 2 Vol. 1716, augmentée des remarques par Beaumarchais 1734.

Einige ausgewählte Denksprüche:
1. Pittakos: $Καιρὸν\ γνῶθι$.
$Χαλεπὸν\ ἐσθλὸν\ ἔμμεναι$, schwer vortrefflich zu sein.
$Ἀνάγκᾳ\ δ'\ οὐ\ θεοὶ\ μάχονται$.
$Ὅ\ μέλλεις\ πράττειν,\ μὴ\ πρόλεγε\cdot\ ἀποτυχὼν\ γὰρ\ γελασθήσῃ$; der Grund ist einseitig und untergeordnet.
Loqui ignorabit, qui facere nescit; weil beides die Wahl des Schicklichen ($καιρὸν\ γνῶθι$) voraussetzt.

---

*) Doch finden sich auch physische und metaphysische Sätze; erstere enthalten Keime der Ethik und Politik, letztere der Physik und Metaphysik. Plutarch im Gastmahle der sieben Weisen bemerkte, dass diese Männer forschten:
1. was jedes Ding wesentlich,
2. was in jeder Gattung und Art der Wesen das Höchste, und
3. um was es im thätigen Leben der Menschen am meisten zu thun sei. (Siehe Rixner I, S. 58.)

2. Bias: a) Τὸν βίον οὕτω μετρεῖν, ὡς καὶ πολὺν καὶ ὀλίγον χρόνον βιωσομένους.
   b) Ἐφόδιον ἀπὸ νεότητος εἰς γῆρας ἀναλάμβανε σοφίαν (Einsicht, Weisheit)· βεβαιότερον (das Sicherste) γὰρ τοῦτο τῶν ἄλλων κτημάτων.
   c) Ἄκουε πολλὰ, λάλει καίρια.
   d) Ὅ τι ἀγαθὸν πράττῃς, εἰς θεοὺς ἀνάπεμπε.
   e) Ἀτυχής ἐστι, ἀτυχίαν μὴ φέρων.
   f) Plutarch lässt ihn sagen: unter den wilden Thieren sei der Tyrann das schlimmste und gefährlichste, unter den zahmen der Schmeichler.
   Aus des Ausonios dicta VII Sapientum:
   g) Summum hominis bonum mens conscia recti.
   h) Bonus et potens est, qui, cum nocere possit, tamen non vult: malus et imbecillis, qui, cum velit, non potest.
3. Solon: Οὐδεὶς πρὸ τοῦ τέλεος μακάριος, nemo ante mortem beatus.
   Καλοκἀγαθία ὅρκου πιστοτέρα. Μὴ ψεύδου.
   Ἡδονὴν φεῦγε· αὐτὴ γὰρ λύπην τίκτει.
   Συμβούλευε μὴ τὰ ἥδιστα, ἀλλὰ τὰ βέλτιστα τοῖς πολίταις. —
   Der Scholastiker Joannes von Salisbury führt von ihm an: nihil aeque metuendum homini, nisi ne finis ejus philosophiam excludet (finis, Tod und Endzweck).
   Nach Diogenes Laërtios wird ihm auch das: μηδὲν ἄγαν und von Ausonios das: γνῶθι σεαυτόν beigelegt (welches Plinius dem Chilon zuschreibt).
4. Kleobulos: Μέτρον ἄριστον.
   Ὅταν τις ἐξίῃ τῆς οἰκίας, ζητείτω πρότερον, τί μέλλει πράσσειν· καὶ ὅταν εἰσήλθῃ πάλιν, ζητείτω, τί ἔπραξεν.
   (Harmonie des gesellschaftlichen und des Eigenselblebens.)
   Quanto plus cuiquam licet, tanto minus libeat eidem.
5. Myson, ein schlichter Landmann, den das Orakel des Apollon für einen der weisesten Griechen erklärte:
   Μὴ ἐκ τῶν λόγων τὰ πράγματα, ἀλλ' ἐκ τῶν πραγμάτων τοὺς λόγους ζήτει.
6. Chilon: Μηδὲν ἄγαν.
   Φυλάττειν ἑαυτόν.
   Ἡ γλῶσσά σου μὴ προτρεχέτω τοῦ νοῦ (dem Gedanken, der Ueberlegung).
   Vive memor mortis.
7. Periandros: Μελέτῃ τὸ πᾶν.
   Μηδὲν χρημάτων ἕνεκα πράττειν.
   Δυστυχῶν κρύπτε, μὴ τοὺς ἐχθροὺς εὐφράνῃς (einseitiger, unreiner Grund; die Regel theilrichtig).

8. Anacharsis: *Γλώσσης, γαστέρος καὶ αἰδοίων κρατεῖν*, Herr der Zunge, des Magens und der Zeugeglieder sein. $\left(\begin{array}{c}\textit{Πάντες κοσμοπολῖταί ἐσμεν}\\ \textit{Ἀνδρὶ σοφῷ πᾶσα γῆ πατρίς}\end{array}\right)$ Hätten die Griechen diesen Gedanken ausgebildet, so hätten sie sich zu der Idee der Menschheit erhoben, welches sie nicht geleistet haben.

Der zweiten Hauptperiode der hellenischen Philosophie II. Periode.

Selbständige Ausbildung der Wissenschaft in Entwickelung der inneren Mannigfaltigkeit des Erkennens bis zu der Darstellung des ersten allumfassenden Systems der Wissenschaft.

(Von Thales bis zu den Sophisten.)

Vorerinnerung. Die wissenschaftlichen Bestrebungen und Gestaltungen waren in einem kurzen Zeitraum von kaum 200 Jahren beschlossen und ganz, oder doch grösstentheils gleichzeitig zu achten.

Die verschiedenen, zum Theil auf entgegengesetzte Art einseitigen, zum Theil auch einander widerstreitenden Denkweisen und Lehren entfalteten sich meist durch selbständige Denker, die wenig von einander wussten. Denn sowohl die mündliche Mittheilung, als die durch Schriften war damals beschränkt, schwierig und erst im Werden.

Die Uebereinstimmung sowohl, als die Abweichung der Denker ist zu erklären:
    a) aus der Gleichartigkeit und Vielgestaltigkeit der überlieferten Grundlage der intellectuellen Kultur aus den früheren Perioden;
    b) aus dem damaligen Geiste der griechischen Stämme und ihres Lebens und den allgemeinen Momenten ihrer Geschichte, z. B. Kolonienwesen;
    c) und zumeist aus der allgemeinen Gesetzmässigkeit der Entfaltung des menschlichen Geistes.

I. Bildkreis: Die ionische Philosophie.

Der erste Beginn reinwissenschaftlichen Strebens und selbstständiger Wissenschaftbildung zeigte sich, 600 Jahre vor Christus, in Ionien, vorzüglich in der Lehre des Thales aus Mileto in Ionien, eines jener sieben Weisen, welcher vielleicht unter diesen allein den Grund eines Systems gelegt hat und so der Stifter der eigentlichen reinen Wissenschaft unter den Griechen geworden ist, indem sich in diesen Denkern zuerst das Nachdenken und Forschen in wissenschaftlicher Gestalt gezeigt hat. Von Ionien aus verbreitete sich dann der Geist wissenschaftlicher Forschung vornehmlich nach Unteritalien und nach Athen. Die sogenannte ionische Philosophie bezeichnet die Zeit der ersten wissenschaftlichen Besinnung und des ersten freien, kühnen Auffluges des forschenden Geistes. Die ionischen Philosophen bildeten zwei Seiten des Wissens aus:

a) die Naturwissenschaft, die sich bis zu metaphysischer Speculation erhob;

b) die Lebenswissenschaft oder praktische Philosophie.

Beide Theile waren nicht bestimmt verbunden, weil sie beide nicht bestimmt unterschieden und gesondert waren; sie setzten nicht Geist und Leib als Aeusseres entgegen, auch noch nicht: Gott und die Welt, sondern befassten Geist und Leib in dem Gedanken, den sie durch $\varphi\acute{v}\sigma\iota\varsigma$ bezeichneten; sie konnten leicht den Geist gleichsam verleiblichen (materialisiren), weil sie den Leib und alles Leibliche vergeistigten (spiritualisirten), — indem ihnen das All als ein lebendiges Ganzes erschien. Wir dürfen ihnen die modernen Gedanken von dem todten Stoffe, dem Popanz der mechanischen Physik, nicht unterschieben. Sie erhoben sich schon zu dem Gedanken Gottes und dachten sich Gott mit menschlichen Eigenschaften. Die Betrachtung war dabei doch meist der äusseren Natur gewidmet und in selbige verloren, wozu die lebendige Anschauung der sie umgebenden lebenreichen, schönen Natur aufforderte und ihnen unerschöpflichen Stoff darbot. Die Denker unternahmen es, die Wesenheit, die Einrichtung und den Ursprung der Natur und ihrer einzelnen Wesen, Gebilde und Erscheinungen zu erforschen und zu erklären; in den Ahnungen der ionischen Speculationen erscheint auch der Geist und die Gottheit als in der Natur und in dem äusseren Leben befangen, als Weltgeist, $\nu o\tilde{v}\varsigma$, $\psi v\chi\grave{\eta}$ $\tau o\tilde{v}$ $\varkappa\acute{o}\sigma\mu o v$; und zwar der allgemeine Weltgeist ($\varkappa o\iota\nu\grave{o}\varsigma$ $\lambda\acute{o}\gamma o\varsigma$ des Herakleitos) sowohl, als der Geist des Mikrokosmos, des Menschen.*)

Statt sich absolut (unmittelbar) über die Natur zu einem höheren Princip zu erheben, nämlich unbedingt und selbwesentlich das Princip zu denken und als Selbwesen anzuerkennen, nicht bloss für die Natur und von der Natur aus, hielten die ionischen Philosophen einzelne Elemente und Kräfte entweder für den Urgrund, für das Princip selbst, oder wenigstens für das Ursprüngliche und Vorwaltende der Natur, oder sie kehrten zu den überlieferten orphischen Gedanken des Chaos zurück, welches sie sich als das $\check{a}\pi\varepsilon\iota\varrho o\nu$

---

*) Inwiefern ist die Grundlehre der ionischen Schule hylozoistisch, stofflebig, eine Stoffgeistlehre nach Bouterwek?

dachten, d. i. als das unbestimmte Bestimmbare, aus dessen Einerleiheit entweder sich alles Bestimmtartige durch den darin entstandenen Gegensatz bilde, oder in welchem doch schon das Verschiedenartige als solches, aber noch ungesondert, befunden habe und dann nur heraustrete.

Die intellectuelle Annahme einzelner Naturdinge (Elemente) und Naturkräfte beruht auf der darin geahneten Wahrheit: dass alle Elemente der Natur und alle Kräfte der Natur sich wechselseits fordern, indem sie alle grundwesentlich sind, und indem sie alle ohne ein jedes von ihnen nicht sein, die Natur ohne eins derselben nicht leben und bilden kann. — Solche einseitige Natursysteme haben gleichwohl den Werth und Nutzen, dass sie

1) die ausgewählte Naturkraft, oder den ausgewählten Naturstoff selbst genauer betrachten,

2) die ganze Natur in dieser Hinsicht genauer erkennen.

Es sind solcher einseitiger Systeme soviele möglich, als einzelne Naturkräfte und Elemente. Die Ionier haben davon nur einige ausgebildet, nach Massgabe ihrer damaligen Naturkenntniss (Wasser, Feuer, Luft, Erde). Aber z. B. nicht ein Gravitationssystem, ein Lichtsystem, dass die ganze Natur in ihren Gestaltungen gleichsam geronnenes Licht sei, ein Aethersystem (das Wort im modernen Sinne): Mesmer; Zitterstoffsystem von Schmidt, wo die Elektrizität zum Princip angenommen wird, und andere solche einseitige Systeme mehr, welche der modernen Zeit vorbehalten blieben. So nahm Thales als das Princip ($\dot{\alpha}\varrho\chi\acute{\eta}$) der Natur das Wasser an, dennoch aber auch, als bewegendes Princip, schon die Seele ($\nu o\tilde{\upsilon}\varsigma$). „Der Anfang der Dinge ist Wasser; denn aus Wasser entsteht Alles, und in Wasser löst Alles sich wieder auf. Gott aber, als das älteste, ungeborene Wesen, ist die Kraft, die aus dem Wasser Alles bildete. Das Weltall ist beseelt und mit Göttern erfüllt. Der Magnetstein hat eine Seele, da er das Eisen bewegt." Dagegen Anaximander nahm zum Princip schon ein Unsichtbares, Unerfahrbares, Unbegrenztes an, welches er das Umgebende, Göttliche, nannte, worin Alles entsteht, und worein Alles sich auflöst; es ist weder Licht, noch Wasser, noch sonst ein Element, sondern das, was Alles umschliesst und in sich hält. Dagegen erklärte Pherekydes, Anaximander's Zeitgenosse, den Zeus oder Aether, den Kronos, d. i. die Zeit, und die Erde ($\chi\vartheta\acute{\omega}\nu$) für das Ewige und Unwandelbare. — Anaximenes aber, seinem Lehrer Anaximander folgend, hielt die Luft ($\dot{\alpha}\acute{\eta}\varrho$) für das Unendliche und Erste in der Natur. Der wesentliche Inhalt, das Reelle, in diesen Speculationen der ionischen Philosophen ist die Naturerkenntniss; aber das Wesentliche in Ansehung der Forschung und des Fortschreitens, das Ideelle und Progressive, derselben ist das Suchen nach höheren Principien, und zuhöchst nach Einem Princip.

Von ähnlichem Geiste sind die Speculationen des Herakleitos, der ums Jahr 500 vor Christus, ein Menschenalter jünger, als Pythagoras, lebte; er wurde, seines Tiefsinnes wegen, der Dunkle genannt; indess entsprang diese Dunkelheit wohl zumtheil aus der Bildlichkeit und Fehlbestimmtheit der Sprache. Nach ihm ist die immer lebende Welt ein rhythmisch sich entzündendes und verlöschendes Feuer, welches Welten aus sich erzeugt und sich selbst wieder aus der Welt gebiert. „Auch die Denkkraft ist ein Feuer. Alles ist ein Fluss ($\dot{\rho}o\acute{\eta}$), nur das Feuer ist unveränderlich. Das Sinnliche ist daher, und ist auch nicht. Das Leben der Welt entfaltet sich nach bestimmtem Gesetz der Entgegensetzung und der Nothwendigkeit, welche aber in Eintracht verbunden sind. Das Licht ist die weiseste Seele, die trockene aber ist die beste. Durch Verbindung mit der göttlichen Vernunft im Wachen denkt die Seele das Ewige und Allgemeine, durch die Sinne das Veränderliche, Individuelle. Wir denken durch die göttliche Vernunft; was Jeder nur nach seinem Denken für wahr hält, ist Täuschung; nur das ist wahr, was wir durch die gemeinsame göttliche Vernunft erkennen, deren Leben einzig das wahre ist, welches auch wir beginnen, wenn unsere Seele vom Körper entfesselt ist; denn in diesem Leben ist die Seele wie todt." — Hier tritt also schon der Gegensatz der sinnlichen und der nichtsinnlichen Erkenntniss mit Bestimmtheit hervor.

Noch weitere Ausbildung aber in objectiver und subjectiver Hinsicht zeigt das System des Empedokles, der wieder ein halbes Jahrhundert jünger ist, als Herakleitos, an dessen Lehre die seinige sich anschliesst, obgleich sie auch Vieles mit der Lehre des Pythagoras und des Anaxagoras gemeinsam hat, daher man ihn auch als Vermittler der ionischen und der italischen Schule betrachten kann. Er nahm vier Elemente an, unter denen das Feuer das wirkende sei. Die ganze materielle Welt ($\sigma\varphi\alpha\tilde{\iota}\varrho o\nu\ \mu\tilde{\iota}\gamma\mu\alpha$) nennt er göttlich. Er unterschied die Sinnenwelt ($\varkappa\acute{o}\sigma\mu o\varsigma\ \alpha\grave{\iota}\sigma\vartheta\eta\tau\acute{o}\varsigma$) von der intelligibeln oder ideellen, im Geiste zu schauenden Welt ($\varkappa\acute{o}\sigma\mu o\varsigma\ \nu o\eta\tau\acute{o}\varsigma$). Gott, als das Gute, ist, nach des Empedokles Lehre, Vorbild der Sinnenwelt; — worin schon eine Andeutung der platonischen Ideenlehre liegt, und er verdankte vielleicht diesen Lehrsatz dem Pythagoras. — „Gott, als der sich selbst genügende und selige Geist, verhält sich zur Welt, wie das Feuer zu den übrigen Elementen. Gott durchdringt wirkend die Welt, deren Leben in den Formen von Freundschaft, Feindschaft und Zufall sich bewegt. Die Wesenheit des Erkennens aber besteht nach ihm in der Gleichheit und Uebereinstimmung des erkennenden Wesens mit dem Erkannten, des Subjectes und des Objectes, als der Bedingung der Wahrheit. Wir finden also in den Systemen des Herakleitos und des Empedokles schon folgende grundwesentliche Anerkenntnisse der Wissenschaft: Anerkennung Gottes als Princips; Ahnung der Gesetze des Weltbaues in Setzung, Gegensetzung und Vereinsetzung, — Thesis, Antithesis und Synthesis; die Unterscheidung der sinnlichen und der nichtsinnlichen Erkenntniss, und die Einsicht, dass die nichtsinnliche die höhere ist, worauf es für die Wissenschaft zuerst ankommt, also Erhebung vom Sinnlichen zum Uebersinnlichen, um das Sinnliche zu begreifen und zu erklären; endlich die Anerkenntniss des Kennzeichens der Wahrheit, dass das Subjective mit dem Objectiven, der Gedanke mit dem gedachten Daseienden, übereinstimme.

II. Bildkreis: Pythagoreische Philosophie.

Zuerst unter allen griechischen Denkern ging aber wohl Pythagoras auf ein allumfassendes, in bestimmter Gliederung gleichförmig gebildetes Wissenschaftsystem aus. Als solches erkannten es auch die grössten Denker der Griechen an, so Platon, der es nach vielen Hauptlehren, zum Theil vergeistigt, in sein System aufgenommen hat. So die ganze neoplatonische oder alexandrinische Schule. Er war nach Meiners im Jahre 580, nach Anderen aber früher, nach Larcher 608 v. Chr., auf Samos geboren, nach Meiners ein Schüler des Pherekydes; ein Jahrhundert älter, als Empedokles, also nur ein Menschenalter jünger, als Thales, und liess sich im Jahr 543 v. Chr. in Kroton in Italien nieder und stiftete dort seine Schule, oder vielmehr: einen Lebenbund mit seinen Schülern und Freunden. Durch Reisen in Aegypten und Griechenland scheint er mit mehren Quellen der uralten Philosophie Asiens bekannt geworden zu sein. Leider kennen wir seine Schriften nur durch Bruchstücke seiner Schüler und Anhänger, zumeist nur aus der dritten Hauptperiode der griechischen Philosophie. Da sich aber die nächsten Schüler des Pythagoras streng an seine Lehre hielten ($αὐτὸς$ $ἔφα$), so ist schon deshalb zu vermuthen, dass wir des Pythagoras eigne Lehre, der Hauptsache nach, haben. Zudem giebt sich auch in diesen Bruchstücken seine Lehre als ein allumfassendes, in sich gerundetes, wohlverbundenes System zu erkennen, da er zu den Speculationen von Gott und der Welt, in bestimmter Unterscheidung, die Lehre vom Guten und von der Tugend, sowie vom Recht und vom Staate, fügte und die reine Mathesis, sowie auch die Sprachwissenschaft, als besondere Wissenschaften in das Ganze der Philosophie aufnahm. Er soll auch zuerst die Namen: philosophia und philosophos statt der früheren: sophia und sophos gebraucht haben*); „denn die Wenigen, welche alle andere Dinge hintansetzend, die Wesenheit der Dinge eifrig erforschten, nenne er der Weisheit Beflissene, d. i. Philosophen."

Demnach hätte Pythagoras der Philosophie kein bestimmteres und engeres Gebiet angewiesen, sondern unter dieser Benennung, wie seine Vorgänger, die ganze Wissenschaft selbst verstanden und damit bloss das Verhältniss des endlichen Geistes zu seiner unendlichen Aufgabe bezeichnet; und allerdings scheint die Benennung: Philosophie erst durch Sokrates, Platon und Aristoteles die bestimmtere, engere Bedeutung erhalten zu haben. — Nach Pythagoras ist Wissenschaft Erkenntniss Gottes als des Einen Wesens**), der Monas, und zugleich des Einen unendlichen Vereinwesens, als des Einen wirkenden Princips, das die Welt in Weisheit, Güte und Macht ordnet und hält und erhält, so dass das an sich vergängliche Weltall doch niemals ganz zu Grunde geht (Rixner S. 102), aber nach nothwendigen, unendlichen Gesetzen. Gott allein ist weise***) ($μόνος\ θεὸς\ σοφός$), der Mensch aber strebt nach Weisheit, ist Liebhaber der Weisheit ($φιλόσοφος$). Die Welt aber ist ebenfalls eine Einheit, eine Monas, Eine Harmonie, Ein Leben, als ein Organismus von Zahlen, Zahlenverhältnissen und Zahlengesetzen. Die Welt ist von Gott geschaffen, aber nicht der Zeit nach (Ahnung der ewigen Ursachlichkeit); zuerst das Feuer (übereinstimmig mit Heraclit und Oupnek'hat [Rixner S. 101]) — Die Sterne sind wie beseelte, mit Verstand und Vernunft begabte Thiere.

---

*) Nach Cicero, Quaest. Tuscul. V. C. 3 s., habe Pythagoras gesagt: artem quidem se scire nullam, sed esse philosophum. — — raros esse quosdam, qui caeteris omnibus pro nihilo habitis rerum naturam studiose intuerentur, hos se appellare sapientiae studiosos, id est enim philosophos.

**) Gott ist Einer, nicht auser dem Weltall, sondern in demselben, im ganzen Umkreise desselben gegenwärtig, den ganzen Weltlauf des Zeugens und Mischens (Clem Alex. Cohortatio ad gentes) überschauend. Durch Gott als Einheit ist Alles gebildet, und in Allem offenbart sich die Einheit. Sie selbst ist ungeboren, einfach, rein, allein für sich und aus sich selbst bestehend (Aristoteles Metaph. 1, 5; Rixner S. 98 und S. 105).

***) Der Gedanke Eines unendlichen, unbedingten, lebenden, guten, gerechten, weisen, die Welt verursachenden und regierenden Wesens ist der Gedanke Gottes, gemäss der allgemein anerkannten Bedeutung dieses deutschen Wortes. Bei wem daher dieser Gedanke sich findet, der erkennet Gott, ganz abgesehen von allen früheren, oder späteren geschichtlich positiven Glaubensbekenntnissen und Lehrbegriffen. Gott ist allen Menschen der gleiche Gott, und es ist dem religiösen Gefühle zuwider, von „einem, oder dem Gotte der Heiden, Juden, Christen, Deisten u. s. w." zu reden.

Pythagoras bildete die Erkenntniss der Kategorie der Zahlheit allerdings vorwaltend aus, sowie er auch Gott erstwesentlich als Einheit erkannte. Aber das griechische Wort (ἀριθμός), welches wir durch: Zahl wiedergeben, bezeichnet, wie das entsprechende lateinische (numerus), nicht die reine Zahlheit, als reine (abstracte) Vielheit, sondern vielmehr: Glied eines organischen Ganzen, einen jeden in einem Gliedbau wohlgemessnen und gegen alle Mit-Theile im Ganzen wohlgeordneten Theil. Dass aber Pythagoras die Zahl oder die Zahlheit zum Princip der Wissenschaft gemacht hat, kann nicht behauptet werden, weil er auch andere Kategorien erkannt, unter anderen die Kategorien des Unendlichen und des Endlichen, der Entgegensetzung, des Guten und des Bösen. Pythagoras theilt die Hauptgebrechen aller Systeme der ersten Epoche der ersten Periode. Doch ist es das erste System, das, Gott und Welt zu erkennen, unternimmt und Erkenntniss Gottes und der Welt zugleich umfasst. Gleichwohl ist es in manchen wesentlichen Stücken einzig geblieben und übertrifft selbst das platonische System, worin es übrigens, in einer höheren Potenz wiedergeboren, auflebte.

In der griechischen Philosophie erscheint das erste umfassende System durch Pythagoras, und aus alle dem, was wir davon wissen, besonders, was Platon und Aristoteles davon erwähnen, sehen wir, dass Pythagoras schon Untersuchungen über das menschliche Erkenntnissvermögen angestellt hat, sogar schon eine Kategorientafel entworfen. Diese Tafel schreibt Aristoteles Met. I. 5 zwar nur einigen Pythagoreern zu, aber er erklärt sie der pythagorischen Grundlehre gemäss, als welche sie sich selbst auch zu erkennen giebt; auch eignet er Ethic. ad Nicom. I. 4, II. 5. den Pythagoreern überhaupt es zu, dass sie eine Reihe gegenheitlicher Begriffe aufgestellt. (Ritter S. 377 ff.)*)

πέρας (Grenze)	ἄπειρον (Unbegrenztes)	ἠρεμοῦν	κινούμενον
περιττόν (Ungerade)	ἄρτιον (Gerade)	εὐθύ	καμπύλον
ἕν	πλῆθος	φῶς	σκότος
δεξιόν	ἀριστερόν	ἀγαθόν	κακόν
ἄρρεν	θῆλυ	τετράγωνον	ἑτερόμηκες**)

*) Ἕν wird deshalb nicht gerade ausser dem πλῆθος gesetzt, wie Ritter S. 378 meint, ebenso πέρας und ἄπειρον. Ritter bemerkt ganz richtig, dass (nach Simplik. phys. Fol. 39, a) die Pythagoreer das Eine unendliche Unbedingte von den endlichen Eins unterschieden.

**) Es sind vielleicht zehn Paare wegen ihrer Verehrung der Zehnzahl.

Es sind dies Ahnungen von folgenden Kategorien:

Endwesenheit	Ganzwesenheit	(ewigwesentlich unänderlich)	(zeitlichwesentlich, änderlich)
Dreigliedigkeit durch Synthesis	Zweigliedigkeit durch Antithesis	Wesenheiteinheit subordinative Synthesis	Wesenheitgegenheit Reinselbheit des Endlichen
Einheit Richtheit	Gegeneinheit Gegenrichtheit	Wesengemässheit	Nichtwesengemässheit
Gegenwesen A.	Gegenwesen B.	des Zeitlichen u. des Ewigen	des Zeitlichen u. des Ewigen
		Gleiche Vollwesenheit.	Unverhaltheit (Unverhältnissmässigkeit).

Dass er aber Gott als die Einheit, als das Eine Wesen, zum Princip angenommen hat, ist offenbar. Dann suchte er, die Grundgesetze des Weltbaues in den obersten Kategorien der Einheit, Vielheit und Vereinheit, der Satzheit, Gegensatzheit und Vereinsatzheit, und der organischen Allheit, zur Erkenntniss zu bringen; auch entdeckte er die Grundzahlen-Verhältnisse der Tonstufen in der Musik im Wesentlichen vollständig, so z. B. das comma Pythagoricum, und erkannte die Musik hierin, sowie in ihrem Rhythmus und in ihrer ganzen Wesenheit, als eine wesentliche Darbildung des allgemeinen Lebens der Welt und seiner Gesetze. $T\varepsilon\tau\rho\alpha\kappa\tau\acute{\upsilon}\varsigma$, $\delta\varepsilon\kappa\acute{\alpha}\varsigma$; $1+2+3=6$; $1+2+3+6=10$.

Unter Zahlheit ist nicht formale Zahlheit zu denken, sondern material-formale, wie die Zahlheit als Gesetz des Weltbaues selbst vorkommt (dargeweset ist und dargebildet wird im Leben). Doch auch solche reinformale Untersuchungen, wie in der Théorie des nombres (der letzten 2 Jahrhunderte), stellte Pythagoras an; z. B. über Primzahlen, vollkommene Zahlen (z. B. $1 + 2 + 3 = 1 \cdot 2 \cdot 3$).

Daher erklärt sich des Pythagoras Idee der Sphärenmusik oder der Gedanke, dass die Sonne und die Planeten, nach den Grundverhältnissen der diatonischen Tonleiter angeordnet, sich, die Erde umkreisend, bewegen.*) Die Pythagoreer betrachteten das Sonnensystem bildlich „als die mit zehn Saiten bespannte Weltleier.**) Um zehn herauszubekommen, nahmen sie hierzu 9) Summum coelum, den Fixsternhimmel, dazu

---

*) Censorinus, ein römischer Grammatiker des 3. Jahrhunderts, hat davon einen bildlichen Entwurf gemacht in seiner Schrift de die natali.
**) Auch in der altägyptischen Musik wurden die Töne der Skala nach den Himmelskörpern benannt!

und 10) eine unsichtbare Gegenerde, ἀντίχθων, und ihre Sphäre (s. Rixner S. 100).*)

Ueberhaupt wandte Pythagoras seine Zahlenlehre, im Sinne eines höchsten synthetischen Principes, als Erkenntnissgrund und Entwickelungsgesetz, auf die Gegenstände der einzelnen Wissenschaften gleichförmig an. Auch die Seele, welche ein Ausfluss des Aethers ist, und der Mensch sind endliche harmonische Einheiten. Die Seele ist ein Ausfluss des Aethers, d. i. des allgemeinen Weltgeistes, also, wie das Wesen, woraus sie genommen, unsterblich (ἀθάνατος) Diog. Laërtius VIII, § 28; Cic. de natura deorum I, 11; Aristoteles de anim. I, 2: ἀριθμὸν εἶναι τὴν ψυχήν, κινοῦν δὲ ἑαυτόν. Nach dem Tode geht sie in die reine Luft wieder empor, geht in einen neuen Körper über, wobei sie einen gesetzlichen Kreislauf durchgeht (μετεμψύχωσις, Seelen-Wanderung). Die Seele des Menschen im irdischen Leben ist theils vernünftig, theils unvernünftig, ersteres durch das himmlische Princip und das Centralfeuer, letzteres durch das irdische Princip, d. i. das Kalte und Feuchte. Die trockenste, feurigste Seele ist die beste (Herakleitos). Der Sitz und das Organ des vernünftigen Geistes (νοῦς) ist das Gehirn; der Sitz der Begierde (θυμός) das Herz; aber Sinn, Gemüth und Wille sind im Zwerchfell (φρένες, Sinn und Verstand, praecordia).

Der gute Mensch ist durch Uebereinstimmung und Verähnlichung mit Gott (ὁμολογία πρὸς τὸ θεῖον) tugendhaft und gerecht. Die Tugend ist die Gesundheit der Seele**) und beruht auf Einsicht, auf wissenschaftlicher Erkenntniss, worin der Mensch Gott, dem allein weisen, als Liebhaber der Weisheit, als Philosoph, ähnlich ist. Weisheit gründe sich auf Wissenschaft.***)

Schattenseiten des Pythagoreischen Systems: 1. Gott und Geist erscheinen noch mit leiblich-sinnlichen, körperlichen Wesenheiten behaftet, und noch in unselbständiger

---

*) Merkwerth ist dieses naturphilosophische Vertrauen, dies Bestimmen a priori von Naturverhältnissen.

**) Sie ist Harmonie, wie die Gesundheit, wie das Gute, wie Gott selbst (Arist. Ethic. ad Nicom. II, 6; Diog. Laert. VIII, 33). — Das Princip des Rechtes ist das der Wiedervergeltung (τὸ ἀντιπεπονθός, des Gleichwiderfahrens); die Gerechtigkeit gleicht einer Zahl, die gleichvielmal genommen gleich ist (ἀριθμὸς ἰσάκις ἴσος (Diog. Laert. l. c.).

***) Die Pythagoreer gründeten die Tugend durchaus nur auf die Erkenntniss, daher der Satz: das höchste Gut bestehe in der vollkommensten Erkenntniss der Zahlen (nach Theodoret, Therap. ad Gr. Serm. XI). Aehnliche Gedanken finden sich bei Porphyrios de vit. P., S. 47 und 41, wo gesagt wird, dass der Mensch durch die Wahrheit Gott ähnlich werde, daher auch Philololaos die Weisheit, als das Vollkommene, über die Tugend setzte. S. Wendt in der Recension von Ritter's Geschichte der Pythagoreischen Philosophie. Berlin. Jahrbücher 1828. September No. 47 und 48, S. 382, Sp. b.

Mischung mit Natur-als-Körperwelt-und-als-Körperkraft. 2. Es theilt mit den orientalischen, besonders den brahmanischen, Systemen den menschheitschädlichen Irrthum, dass das Volk der Grundeinsichten nicht fähig sei, daher Bestreben nach geheimer, dem Volke verborgener Wirksamkeit. — Daher mit der frühe Untergang des pythagorischen Bundes.

Hinsichts der Erkenntnissarten aber tritt bereits in diesem Systeme der Gegensatz des Nichtsinnlichen und des Sinnlichen, des Unbedingten und des Bedingten mit Bestimmtheit hervor. Die Sinneswahrnehmungen: Sehen, Hören u. s. w. sind Ausflüsse der Seelenkräfte. Ein Lebenshauch geht vom Geist aus und durchströmt die Gegenstände. — Denken ist Wehen der Seele: $λόγοι\ ψυχῆς\ ἄνεμοι$ Diog. Laert. VII, 23; ebenso Oupnek'hat; Rixner S. 104.

Die Lehre des Pythagoras zeigt sich schon dadurch als ein umfassender Wissenschaft-Gliedbau an, dass er seine Erkenntniss Gottes und der Welt, der Natur, der Seele und des Menschen auf die Lehre von der Tugend anwandte, und auf alle gesellschaftlichen Verhältnisse der Familie, der Freundschaft, des Staates und des Religionsvereines; dass er ferner den Widerstreit des damals unter den Menschen Bestehenden mit der ewigen Wesenheit, mit den Ideen, einsah und die Befugniss, die Ideen im Leben zu verwirklichen, anerkannte, dass er demgemäss den Plan entwarf, wie durch einen Geheimbund der Wissenschaftforscher und in Wissenschaft gebildeter, reingesinnter Weisen, worein sie sich zu Verwirklichung des Ewigguten in Einem Vereinleben als ganze Menschen verbinden sollen, die bessere Gestaltung aller menschlichen Dinge im Stillen werkthätig vorbereitet werde; wie dann die Lehren und die Entwürfe der Weisheit, nach und nach in bestimmten Abgradungen in das wirkliche Leben übergehend, Unliebe, Gewaltthat und Aberglauben heilen und an deren Stelle ein dem Urbilde gemässes Leben in wahrhaft menschlicher Geselligkeit verwirklichen und so den Widerstreit des Idealen und des Realen praktisch in Eine Harmonie lösen sollten. Daher richtete sich des Pythagoras Streben auf Lebensweisheit und Lebenskunst*); und in diesen Ueberzeugungen stiftete er selbst, mit seinen Schülern und Freunden, einen in verschiedenen Stufen geordneten Geheimbund nach der soeben ausgesprochenen Idee. Es gab Schüler der äusseren und der inneren Lehre ($ἐξωτερικούς$ und $ἐσωτερικούς$). Zu den erstern wurden Menschen aus allen Ständen zugelassen, auch die nicht durch Freundschaft miteinander verbunden waren. Die inneren Schüler

---

*) Pythagorische Sprüche bei Rixner, S. 107, die von Diog. Laert. aufbewahrt worden sind.

waren vertraute Freunde unter sich und des Lehrers. Diese waren wiederum in drei Klassen gegliedert, 1. in die τῶν σπουδαίων, der eifrig Strebenden, 2. in die der Begeisterten, τῶν δαιμονίων, und 3. in die τῶν θείων ἢ θεοπαθέων, derer, die Göttliches an und in sich erfahren. Erstere hörten zu (αὐτὸς ἔφα), die zweiten unterhielten sich in Gesprächsform: sie durften fragen; die dritten wurden als vollständig belehrte, wissenschaftliche Männer geachtet. Sie waren auch alle Glieder des geheimeren Vereines und hatten theilweise Gütergemeinschaft. — Der Bund wirkte für Erhaltung der wissenschaftlichen Bildung und der politischen Freiheit. Der Ruf vertrauter, treuer Freundschaft und der Standhaftigkeit im Leiden folgte im Alterthume diesem Bunde nach. Und scheiterte auch nach mehrjährigem Bestehen gegen das Ende des Lebens des Pythagoras dieser grosse Entwurf durch äussere Gewaltthat der Zeitgenossen, durch die Unreife seiner inneren Gestaltung und durch die ungeduldige Voreil der Genossen des Bundes und wegen des zu weiten Abstandes der Volkbildung von den gesellschaftlichen Ideen des Pythagoras nothwendig, so ging doch seitdem dieser Gedanke in der gebildeteren Menschheit nie wieder unter. Er verging nicht spurlos, denn dieser für das Leben grundwesentliche Gedanke strahlt und strebt stets urneu hervor aus der Tiefe des Geistes; nicht bloss, oder überwiegend durch äussere Fortpflanzung, aber doch auch in Mitwirkung unvertilglicher Ueberlieferung. Auf diesen Bund sah wohl Platon hin bei Entwerfung des Musterbildes seiner hellenischen Republik. Epikuros ahmte in seinem Leben mit seinen Freunden in seinen Gärten den Pythagoras nach. Der Neoplatoniker und Neopythagoreer Plotinos wollte, mit der ihm vom Kaiser Gallienus ertheilten Erlaubniss und Hülfe, ein ideales Gesellschaftleben in einer neu gegründeten Stadt in Campanien, die er Platonopolis nannte, gründen; aber auch dieses Unternehmen löste sich aus gleichen Veranlassungen auf. Die Therapeuten und Essener lebten in ihrem Geheimbunde, wie ihre uns aufbewahrten Lehren zeigen, nach Grundsätzen des Pythagoras. Davon entlehnten die ersten Anachoreten und Mönchvereine der Christen ihr Musterbild, und die Culdeer bildeten es im Mittelalter weiter aus, denen wir die ersten Lehrer Europa's, besonders unter Karl dem Grossen, verdanken. Ich führe dies aus als ein Beispiel wider den Wahn, als wenn die von Philosophen erforschten praktischen Ideen ohne Spur in der Geschichte vorübergingen. Der Gedanke erwies sich erfolgreich in dem ähnlichen Bunde der Essener und Therapeuten, welche um die Zeit des beginnenden Christenthums in Palästina und Aegypten lebten und in ihrem Bunde den pythagoreischen

Bund, in Vereinbildung mit der mosaischen Lebensgestaltung, nachahmten und sich dann wiederum in die Vereine des Mönchlebens und in die geheimen masonischen Vereine des Mittelalters fortsetzten.*)

Diese Idee des Geheimbundes der Weisen (welche sich von dem engherzigen Brahmanen-Entwurfe als echt menschlich unterscheidet) ist selbst im platonischen System nicht aufgefasst, geschweige weitergebracht. Platon's Republik füllt dessen Stelle nicht aus, sie ist etwas bei weitem Untergeordneteres, nicht so Reines.

Pythagoras zeigt zugleich die erste Vereinbildung der orientalischen Wissenschaft mit der hellenischen. Denn, wenn auch die geschichtlichen Nachrichten und Sagen von seinen Reisen in Aegypten und in dem Oriente gar nicht da wären, so würde doch das, was uns von des Pythagoras Lehren, Lebensweisheit und Lebensart überliefert worden ist, den individuellen Zusammenhang mit den Systemen der asiatischen Völker sachlich darthun, mit denen es in charakteristischen Einzelnheiten zusammenstimmt.

Die vornehmsten Pythagoreer.

Es werden viele Philosophen für Pythagoreer gehalten, die nicht dieser Schule gehören, z. B. Alkmäon von Kroton, Empedokles. Die ersten Pythagoreer scheinen Nichts geschrieben zu haben, wenigstens hat sich von ihnen Nichts erhalten. Die vornehmsten Pythagoreer, über welche wir bestimmte Kunde haben, sind: Philolaos, Lysis, Kleinias, Eurytos und Archytas.

a) Archytas von Tarent, Staatsmann, Mathematiker, Mechaniker (fliegende Taube). Ihm wird die Ausbildung der obigen Kategorientafel vorzüglich zugeschrieben, aber die ihm zugeschriebenen Fragmente sind wahrscheinlich unecht, nach Andern (Simplikios) soll er die aristotelischen zehn Kategorien gefunden haben.

b) Philolaos, Schüler des Archytas; über ihn hat Boeckh in einer besonderen Schrift Untersuchungen angestellt und hat die ihm zugeschriebenen Fragmente als echt erwiesen. Hauptlehre: „Die Dinge sind zugleich unendlich (unbestimmt-bestimmbar) und endlich (bestimmt); die Welt ist unvergänglich und wird von einem mächtigeren, ihr verwandten Wesen beherrscht. Die Erde bewegt sich um ihre Axe und um die Mitte des Alls, das Centralfeuer, um welche sich auch noch andere uns unsichtbare Sterne bewegen." Wir haben

---

*) Ich habe dies zu zeigen versucht in meiner Schrift: Die drei ältesten Kunsturkunden u. s. w., in der Ausgabe vom Jahre 1810 und ausführlicher in der zweiten vom Jahre 1819.

hier also wenigstens schon Anfänge des kopernikanischen Systems.

c) Lysis, Kleinias und Eurytos scheinen nichts Schriftliches bekannt gemacht zu haben.

III. Bildkreis: Eleatische Philosophie*).

Da in dem Systeme des Pythagoras der ingeistlich sich erhebende, subjectiv-analytische Theil der menschlichen Wissenschaft, und insonderheit die Wissenschaft vom Erkennen und Denken, fehlt, also die Erkenntniss und Anerkenntniss des Principes nur gefordert und vorausgesetzt wird, mithin die unerlässliche Vorbereitung des Geistes zu der gliedbaulichen oder organisch-synthetischen Entfaltung der Wissenschaft im Princip noch mangelte, so konnte dasselbe auch dem griechischen Geiste nicht Befriedigung gewähren, sondern aus denselben Gründen des ewigen Geistes im Menschen, woraus des Pythagoras Denkweise sich ergab, gingen auch andere Denkweisen hervor. Daher bildeten sich also gleichzeitig, und bald nachher, unter den Griechen Denkweisen und Systeme aus, die sich von dem, was Pythagoras lehrte, wesentlich unterscheiden. Unter diesen ist zunächst die Schule der eleatischen Philosophen. Der Stifter derselben war Xenophanes aus Kolophon, der sich ums Jahr 536 vor Christus in Elea oder Velia in Unteritalien niederliess, des Pythagoras Zeitgenoss, und die vorwaltenden Denker derselben sind Parmenides aus Elea, des Xenophanes Zeitgenoss, Melissos, berühmt ums Jahr 444 vor Christus, Zenon aus Elea, des Parmenides Schüler, und Xeniades**) aus Korinth. Sie gingen, die sinnliche Erkenntniss verlassend und als untauglich überschreitend und insofern verwerfend, als sie für sich allein Wahrheit enthalten soll***), von der übersinnlichen Erkenntniss in reiner Vernunft aus und gelangten zur Anerkenntniss des unbedingten, unendlichen Wesens oder des Seienden, als des Einen, welches auch das All ist; dies zeigt schon ihre von Xenophanes bereits ausgesprochene Grundlehre: „Eins ist das Seiende und das All (ἓν τὸ ὂν καὶ τὸ πᾶν)." In den früheren Systemen wurde

---

*) Man kann nicht (mit Tennemann) behaupten, dass die Eleaten zuerst Einheit des Princips haben; auch nicht, dass sie zuerst und allein die Einheit zum Princip haben.

**) S. Wendt's Bemerkungen zu Tennemann I, S. 228. Xeniades hat im 5. Jahrhundert vor Christus gelebt. Ihn erwähnt vorzüglich Sextus Empiricus als dem eleatischen System zugethan, aber nur in einzelnen Lehrsätzen.

***) Wie Rixner S. 150 g. M. richtig bemerkt, zeigten sie nur, „dass die sinnliche Erkenntniss nach der Einseitigkeit ihrer gewöhnlichen Voraussetzungen sich selbst widerspreche."

Einheit und Vielheit, und dass das Viele in und aus dem Einen entstehe, ohne Weiteres vorausgesetzt, ohne an die Schwierigkeit dieser Gedanken zu denken. Zur Erklärung nahm man das zu Erklärende zu Hülfe, nämlich Gegensatz (Streit, Krieg) und Neigung zur Vereinigung (Liebe); als welches beides eben aus der Einheit und Einerleiheit nicht zu erklären. Das eleatische Denken zeigte: dass von dem Gedanken der Einheit, als solcher, oder des Einen, als solchen, (des Unbedingten als Einen) kein Uebergang zu dem Gedanken des isolirten, ohne die Einheit selbständigen Vielen sich zeige. Da sie nun die Gültigkeit der sinnlichen Erkenntniss leugneten, aber den Gedanken der Einheit in reiner Vernunft ohne den Gedanken der Vielheit vollziehen konnten*), so leugneten sie die selbständige Vielheit und das selbständige Werden ab.

Da nun die eleatischen Philosophen sich auch zu den Gedanken der göttlichen Eigenschaften, d. i. der Grundwesenheiten Wesens, erhoben hatten, indem schon Xenophanes der Gottheit unveränderliches Denken und Empfinden zuschrieb**): so kann man die eleatische Denkweise wohl insofern pantheistisch nennen, als sie sich Gott auch als das All seiend dachten; keineswegs aber in der jetzt gebräuchlichen Bedeutung des Wortes: Pantheismus, wonach man darunter die Lehre versteht, welche alle endliche Dinge vergöttert oder irgend ein Endliches mit Gott gleichstellt, oder verwechselt; denn von dieser Annahme war kein Denker entfernter, als die eleatischen Philosophen, ja diese war für sie ganz unmöglich, da sie die Wesenheit der selbständigen endlichen Dinge gänzlich leugneten. Denn, obwohl sie die reine, ganze, untheilbare Einheit des Seienden, d. i. Wesens, klar erkannten, so konnten sie doch damit die Grundwesenheit der gegenartigen Vielheit und der Vereinheit nicht vereinen, und ebensowenig mit der Unendlichkeit die Endlichkeit, mit der Ruhe die Bewegung nach deren bedingter Selbwesenheit. Daher leugneten sie die Wesenheiten der Vielheit, Endlichkeit, Aenderung und Bewegung gänzlich ab und mussten mithin die Erscheinung derselben in der zeitlichen Wirklichkeit für täuschenden Schein erklären. Da sie nun diese Behauptung selbst nicht grundwissenschaftlich, synthetisch, beweisen konnten, also auch, nicht unmittelbar den

---

*) Vergleich mit Empedokles.

**) Wenn Xenophanes und Parmenides von der Kugel oder Kugelgestalt in Beziehung zu der Wesenheit Gottes redeten, oder auch Gott bildlich, emblematisch, eine Kugel nannten, so geschah dies, um die Einheit, Einerleiheit oder innere Gleichartigkeit und die einheitliche Beschlossenheit der göttlichen Wesenheit durch diejenige Raumgestalt anzuzeigen, welche unter allen Raumgestalten allein diese Eigenschaften rein darstellt.

Grund des angeblich trügerischen Scheines der Sinnlichkeit aufzuzeigen, sowie auch diesen Schein nicht unmittelbar zu erklären vermochten, so suchten sie, durch allerlei scharfsinnige Scheinschlüsse oder Sophismen die Unmöglichkeit der Vielheit, insonderheit der unendlichen Theilbarkeit stetiger Grössen, und der Bewegung darzuthun; und Zenon suchte sogar zu erweisen, dass die Erfahrung-Erkenntniss sich überhaupt selbst widerstreite.

Es ist das eleatische System mit einem ungelösten Zwiespalt oder Widerstreit behaftet, woraus eine nicht zerstreubare Dunkelheit über diesem Systeme schwebt, durch die nicht entwickelten, nicht wissenschaftlich bestimmten Gedanken:

a) Vielheit (also auch Aenderung) ohne die Einheit, ohne in der Einheit zu stehen, ist unmöglich (und doch zeigt die Erfahrung den Schein einer solchen).

b) Die Einheit muss in sich doch Vielheit haben, weil sie sonst das Nichtige ($\mu\dot{\eta}$ $\ddot{o}\nu$) wäre; und doch kann nicht gezeigt werden, wie und wodurch die Einheit in sich die Vielheit ist und entfaltet. Die Eleaten haben die in der Einheit stehende und bestehende Vielheit sowenig, als den Sinnenschein der selbständigen, getrennten Vielheit erklärt. Diese beiden Grundgedanken konnten sie nicht in Vereinheit zusammenbringen (sie gingen nicht zusammen, blieben gleichsam mit ihren beiden Enden, Extremen, aussereinander stehen); diese Extreme liessen die Eleaten unvereint stehen als einen unausgefüllten Hiatus des Denkens. —

Da nun die Denker dieser Schule lediglich aus der nichtsinnlichen Erkenntnissquelle schöpften, so ist ihre Speculation rein rational und insofern idealistisch. Die durchgängige Folgerichtigkeit, womit sie Alles verwarfen, was ihnen dem Principe zu widerstreiten schien, so sehr auch dieses Verwerfen mit den gewöhnlichen Ueberzeugungen des Lebens streiten mochte, ist als ein Fortschritt in der philosophischen Denkart anzusehen. Nach der eleatischen Lehre ist die Vernunft das einzig Wesentliche, Reale; daher giebt nur die Vernunft wahre Erkenntnisse; die Sinne dagegen geben nur trügliche Erscheinungen, täuschenden Schein, — nur Schein-Erkenntniss. Mit grosser Sorgfalt bildeten daher diese Philosophen die Wissenschaft vom Denken und Erkennen aus, zugleich als Dialektik, d. i. als die Vernunftkunst, die Wahrheit zu erkennen, und sie von dem Irrthum und dem täuschenden Scheine zu unterscheiden und abzusondern, vorzüglich aber, den täuschenden Sinnenschein der Vielheit und der Bewegung aufzulösen. Schon Zenon lehrte die Dialektik. — Dass sie die Einheit Wesens einsahen, dann die reine Vernunfterkenntniss als Anfang und Inhalt der Wissenschaft erkannten und die Erkenntnisslehre ausbildeten, sind die Hauptverdienste der eleatischen Philosophen. Da sie aber das Eine Seiende sowenig, als Pythagoras, in Folge einer vollständigen analytisch-subjectiven Ausbildung des erkennenden Geistes schauten, und da sie auf diese unentwickelte Grunderkenntniss sofort eine nur theilweise und mangelhafte dialektische Kunst anwandten, um das Princip zur Wissenschaft zu gestalten: so musste das Innere ihres Wissenschaftbaues misslingen; — und so mussten sie freilich alle wesentliche Vielheit, Mannigfalt, Bewegung und Gestaltung, strenggenommen, alles Leben, leugnen; so konnten sie das sich ihnen in den Sinnen des Leibes offenbarende Leben der Welt nicht als eine Offenbarung des Einen Seienden, d. i. Gottes, das Zeitliche nicht als eine wesenhafte Darbildung des Ewigen anerkennen und würdigen; — sie vermochten nicht, die Welt der sinnlichen Erscheinung wissenschaftlich zu begreifen und in ihrer Wesenheit zu erklären; welches gleichwohl eine untergeordnete, aber wesentliche, Aufgabe der Wissenschaft ist.

Hauptgründe, weshalb die Eleaten den oben bemerkten Gegensatz nicht vereinen konnten, also ihr System in seinen beiden Haupttheilen unvereint auseinanderstehend (ingähnend, hians), also unvollendet (unvollführt) bleiben musste.

Sie erkannten nicht die Verschiedenheit der Wesenheit von und das Verhältniss der Wesenheit zu der Seinheit (als Einer, und zwar der formanwesentlichen Grundwesenheit Wesens). Auch wird nicht Seinheit und das Seiende unterschieden. Auch sahen sie nicht, dass Einheit verschieden sei von Einerleiheit, und wie unterschieden. Auch wurde die Wesenheiteinheit und die Zahlheiteinheit nicht unterschieden und vereint. Auch nicht eingesehen: dass Einheit an der Wesenheit. Noch auch das Verhältniss der Einheit zu Ingegenheit, Abgegeneinheit, Nebengegeneinheit.

IV. Bildkreis: Aeltere atomistische Philosophie *).

Eine dem Inhalte nach der eleatischen Philosophie ganz entgegengesetzte wissenschaftliche Denkart und systematische Gestaltung der Wissenschaft zeigt sich in der Lehre des Leukippos, eines Zeitgenossen des Parmenides und nach Simplikios' Zeugniss (Tennemann 2. ed. I. S. 319) Schüler des

---

*) Der ingeistige Grund der atomistischen Ansicht der spatia vacua disseminata ist die ungenaue Selbstbeobachtung hinsichts der Phantasiegebilde und die Verwechselung des mit Freiheit, aber am Wesentlichen, gestalteten Raumes mit dem leeren Raume, als welcher untergeschoben wird der abstrakte Verstandesgedanke des reinformlichen (reinen) Raumes qua talis.

Parmenides, und des Demokritos, eines Schülers des Leukippos. In Ansehung des Inhaltes tritt dieses System dem eleatischen nach allen Hauptpunkten entgegen, durch welches es auch geschichtlich hervorgerufen wurde; denn es erkennt nur Wesentliches, Reales, im leeren Raume und in der Zeit, und zwar in ewiger Bewegung, an. Aristoteles de coelo 1, 7 (Wendt bei Tennemann I, S. 321 Note): $\mu\grave{\eta}\ \sigma v v \varepsilon \chi \grave{\varepsilon} \varsigma\ \tau\grave{o}\ \pi\tilde{\alpha} v,\ \dot{\alpha}\lambda\lambda\dot{\alpha}\ \delta \iota \omega \varrho \iota \sigma \mu \acute{\varepsilon} v \alpha\ \tau \tilde{\omega}\ \varkappa \varepsilon v \tilde{\omega}.$

„Alles Wesentliche besteht aus verschiedengestaltigen, verschiedengrossen, unveränderlichen, untheilbaren, aber stets beweglichen und verschiedentlich zusammensetzbaren und trennbaren Grundkörpern oder Atomen; selbst die Seele, als das Beweglichste, besteht aus den beweglichsten Atomen, den runden Feuer-Atomen." Deshalb nennt man dieses System das atomistische oder das Corpuscular-System. Auch die Erkenntniss sogar ist nach selbigem materiell zu erklären. Was aber die Erkenntnisslehre des Leukippos und des Demokritos betrifft, so stimmten sie darin mit den eleatischen Philosophen der Hauptsache nach überein; denn auch sie erhuben sich über die gemeine, sinnliche Wahrnehmung und Erkenntniss, indem sie lehren: „Die sinnliche Erkenntniss stellt die Wesenheit des Realen im Raume nicht rein, sondern mit Gemüthaffecten, d. i. mit der Empfindung der Lust und der Unlust, vermischt, also nur unklar, dar. Die Sinnenwahrnehmung also ist blosses Meinen ($v\acute{o}\mu\mu\mu\alpha$) und ist dunkel ($\sigma \varkappa o \tau \acute{\iota}\eta$); aber die Vernunfterkenntniss allein ist echt und wesenhaft ($\gamma v \eta \sigma \acute{\iota}\eta$). Das Reale im Raume muss daher vielmehr mit dem reinen Verstande, aus beweisbaren Gründen, erkannt werden."

Sowie diese Atomistiker in ihrer Lehre von der übersinnlichen und der sinnlichen Erkenntniss mit den Eleaten übereinstimmten, so verfielen sie, aus gegenähnlichen Gründen, in denselben Missbrauch der übersinnlichen Erkenntniss, nicht zwar zu Verfälschung der sinnlichen Wahrnehmung, aber zu der Anmassung: dass die überall erscheinende Stetigkeit (unatomistische Beschaffenheit) der Natur und der sinnlichen Bilder im Menschenleibe keine Sachgültigkeit habe. Sie konnten aber den oben bemerkten Widerspruch auch nicht vereinen, und zwar auch aus gegenähnlichen Gründen, als die sind, die zuvor angeführt sind. Daher ist insofern dieses älteste hellenisch-atomistische System rein rational, a priori, gar nicht sensualistisch; vielmehr insofern idealistisch, wie das eleatische. — Das System des Leukippos und des Demokritos ist zwar als solches ohne die Idee von Gott, schliesst aber an sich, durch seinen Inhalt, den Gedanken: Gott sowenig aus, als das ihm entgegenstehende dynamische Natursystem. Und überhaupt sind alle Philosophen, welche den nichtsinnlichen Erkenntnissquell anerkennen, auf dem Wege, den Gedanken Gottes zu finden und anzuerkennen. Dazu kommt, dass dies atomistische System für die Gestaltung der Naturgebilde aus den Atomen einen ersten Beweger (primus motor), wie andere griechische Philosophen sich hierüber ausdrücken, bedarf; also auf diese Weise zu dem Gedanken: Gott hingeleitet wird. Daher ist es nicht richtig, dies atomistische System als an sich selbst nothwendig atheistisch zu betrachten.

V. Bildkreis: Anaxagoreische Philosophie.

Hier verdient nun aus der ersten Hauptperiode der griechischen Wissenschaftbildung noch das System des Anaxagoras*) erwähnt zu werden, der gegen 500 Jahre vor Christus geboren ward. Er forschte nach Art der ionischen Philosophen vorwiegend über die Natur und hielt die Erforschung der Natur und die Beobachtung des Himmels vorzüglich für die Bestimmung des Menschen. Er erkannte die Natur als ein selbständiges Ganze an und erklärte die Erscheinungen des Himmels, so auch die Entstehung der Pflanzen und der Thiere, zunächst rein aus Naturursachen. Da nun nach der gewöhnlichen dichterisch religiösen Vorstellung der Hellenen die Gestirne selbst Götter sind, oder doch die Götter in den Gestirnen und den Bewegungen derselben gegenwärtig erscheinen, und alle Naturerscheinungen auf Erden, auch die Pflanzen und Thiere, unmittelbar aus dem Verstande und dem Willen der Götter hervorgehn, Anaxagoras aber die Gestirne für an sich selbst todte, seelenlose Massen erklärte: so wurde Anaxagoras in Athen für einen Atheisten erklärt, obgleich er, vielleicht nebst seinem Lehrer, oder wenigstens Vorgänger, Hermotimos, und nach Pythagoras, der erste griechische Philosoph ist, der den Namen eines Gottlehrers oder Theisten verdient. Es ist übrigens eine willkürliche Bestimmung und Beschränkung des Sprachgebrauchs, wenn man die Begriffe des Theismus auf die anaxagorische Ansicht, wie auf die Lehre: dass die Welt ausser Gott ist, besteht und lebt, beschränkt. Denn auch diejenigen, die lehren: Gott sei alles Endliche in, unter und durch sich, sind Theisten und können Gott als überweltliches und die Welt als unendliche, individuell erkennende und wollende und wirkende Vorsehung leitendes Wesen anerkennen.

---

*) Menier's historia critica doctrinae de vero Deo. Vergl. auch die Artikel Anaxagoras in Bayle's kritischem Wörterbuche. Euripides und Perikles waren Schüler des Anaxagoras.
Vergl. Bouterwek's Ansicht.

Er unterschied ausdrücklich Gott von der Natur, indem er den Stoff, die Materie, als von Ewigkeit her daseiend dachte, aber einen unendlichen, selbständigen Geist (νοῦς) ausser demselben zugleich*) auch als Seele der Welt (ψυχή τοῦ κόσμου und als νοῦς κοσμοποιός) annahm, welcher das ewig daseiende Chaos belebt und überhaupt der Grund aller Bewegung und alles Lebens in der Welt ist. Von diesem unendlichen Geiste sagte er aus, dass derselbe allwissend, unendlich mächtig, selbstthätig und selbstherrschend, einfach, rein, von aller Materie abgesondert sei (er trennt also die Ursache vom Verursachten, das Belebende vom Leben, die bildende Kraft vom Gebilde), ausserweltlich und überweltlich, ohne Gemeinschaft mit irgend Etwas, unvermischt, frei von allen fremden Einwirkungen, unleidsam (unanwirkbar, unafficirbar, ἀπαθής), und doch die Welt belebend und in ihr wirksam. In der Erkenntnisslehre unterschied er die subjective Wahrheit der sinnlichen Erkenntniss von der objectiven Wahrheit der Vernunft (des λόγος), welche letztere die höhere, entscheidende und untrügliche und der einzige Charakter der Wahrheit sei.

Diesem System gebricht die Einheit: es ist zweiheitlich, dualistisch, indem es ausser Gott eine von Ewigkeit her bestehende Welt annimmt; wobei dann ferner nothwendig die höhere Frage entsteht, was den unendlichen Geist mit der materiellen Welt zusammenführt. Auch gewährt dieses System nur einen einseitigen Anfang der Religion, d. i. der Gottinnigkeit und des Gottvereinlebens; denn es lehrt zwar ein wesentliches, thätiges Lebenverhältniss Gottes zu der Welt und zu dem Menschen, nicht aber von der andern Seite auch ein wesentliches Lebenverhältniss der Welt und des Menschen zu Gott, weil Gott, nach dieser Lehre, von der Welt und dem Menschen gar keine Wirkung empfängt oder in sich aufnimmt, da Gott als das durchaus von der Welt nicht bestimmbare Wesen gedacht wird.**)

Zwar brachte der hellenische Geist in den fünf Bildkreisen dieser ersten Hauptperiode kein befriedigendes Wissenschaftsystem zustande, sondern nur werthvolle Vorarbeiten dazu;

---

*) Ψυχή καὶ νοῦς ὡς μία φύσις. Der νοῦς als bewegendes Princip ist ψυχή. Er ist auch der Grund alles Guten und Rechten (τὸ αἴτιον τοῦ καλῶς καὶ ὀρθῶς τὸν Νοῦν λέγει, Arist. de an. I. 2.). Aristoteles Met. I. 4 sagt, dass er vom νοῦς als dem bewegenden und ordnenden Princip, gegen Hesiodos und Parmenides, wie ein Nüchterner redet, insofern er Gott von der Welt bestimmt unterschied; jedoch, ohne Or, Ur, Abant und Nebant zu unterscheiden und zu einander zu beziehen.

**) Es ist hier die Ahnung von dem Verhältniss Wesens als Urwesens zum Endwesenthum (zur Welt oder zum Gliedbau der Wesen) mehr entfaltet, als bei Thales. Mit Verkennung Or-Wesens und Or-Omwesens, daher in letzterer Hinsicht der griechische Volksinn auch recht hatte.

die durch alle früheren Versuche eines Wissenschaftsystems, besonders aber durch die Forschung der eleatischen Schule, gewonnene Geistbildung und Gewandtheit im scharfsinnigen, geordneten Denken*) Anlass zu jener aus Zweifel und Verzweifelung an der Möglichkeit gewisser Erkenntniss gemischten Denkart, die wir bei den sogenannten Sophisten Griechenlands finden, welche die Wesenheit und Macht der wissenschaftlichen Bildung vorzüglich dadurch zu bewähren suchten, dass sie mit spitzfindiger Gewandtheit für und wider jeden Gegenstand und jede Behauptung zu streiten vermöchten. — Es hatten die Vorgänger wohl die verschiedenen Arten der Erkenntniss bemerkt, auch das Kriterium der Wahrheit berührt: dass die Erkenntniss mit dem Erkannten übereinstimme; aber die Hauptfrage: wie dem Geiste die Befugniss komme, seinen Gedanken Sachgültigkeit beizumessen, war in ihrer Bestimmtheit und tiefen Schwierigkeit noch unerwogen geblieben.

Dennoch leisteten auch diese Denker der Fortbildung der Wissenschaft wesentliche Dienste, schon dadurch, dass sie die bis dahin gewonnene wissenschaftliche Bildung durch ganz Griechenland, besonders auch in Athen, verbreiteten, das Nachdenken weckten und übten, namentlich, weil sie einen Anfang der Ausbildung der Erkenntnisslehre, Schaulehre oder Logik und Dialektik machten, auch indem sie die wissenschaftliche Sprache und die Kunst der sprachlichen Darstellung ausbildeten und insbesondere auf angemessene Bestimmtheit der Sprache drangen.

Dann wurden sie dadurch nützlich, dass sie die Unzulänglichkeit der bisherigen Art, zu forschen und Beweise zu führen, darthaten und auf verneinlichem Wege, mit, oder ohne Absicht, durch ihre dialektische Kunst, worin sie es sehr weit gebracht hatten, es recht bemerkbar und fühlbar machten, dass ohne ein grundgewisses Princip, und ohne den darin erkannten Gliedbau der höchsten synthetischen Principien, keine Wissenschaftbildung möglich sei, dass also die Wissenschaft nicht mit Behaupten anheben könne, sondern mit Betrachten und Untersuchen beginnen müsse, und dass der Mensch bei seiner Wissenschaftbildung zuerst von sich selbst anfangen, sich zuerst selbst beobachten und kennen lernen müsse, bevor er, zu wahrer, gewisser Erkenntniss äusserer und höherer Dinge fortzugehen, befugt sei. — Diese Grundwahrheiten wurden zuerst dem Sokrates klar, in welchem der griechische Geist einen neuen Aufschwung zu der höheren Ausbildung

---

*) Die Entwickelung der III. Periode giebt Anlass zu einer eigenthümlichen Denkart, nämlich Umkehr des Geistes in sich selbst und Bestreben, den Gegensatz des Subjectiven und des Objectiven (des Erkennenden und des Erkannten) zu erkennen und zu vereinen.

der Wissenschaft nahm, welche den Inhalt der zweiten Hauptperiode der hellenischen Philosophie ausmacht.

Da wir nun der zweiten Hauptperiode der hellenischen Philosophie dritte Periode, die der Sophistik, betrachtet haben, so folgt nun der hellenischen Philosophie

dritte Hauptperiode:

die der Einheit und der Vereinbildung des Mannigfaltigen in der Einheit zu organischer Vereinheit.

(400 Jahr vor Christus bis 600 Jahr nach Christus.)

I. Periode:

Erfassung der Einheit und der Idee der Wissenschaft im Princip und erste Versuche des Systemes der Wissenschaft.

Ueberblick.
Drei Bildungen (Formationen).

A. Sokrates und die reinsokratischen Schulen, die kynische, kyrenaische, megarische und pyrrhonische.

B. Platon. Mit Ueberwiegen des Uebersinnlichen und der Richtung vom Uebersinnlichen abwärts (der synthetischen Richtung), mit Fehlachtung und Vernachlässigung des Eigenleblichen, Zeitlichwirklichen und der sinnlichen Erkenntniss.

C. Aristoteles. Mit Ueberwiegen des Sinnlichen, Zeitwirklichen, Eigenleblichen und der Richtung vom Sinnlichen aufwärts (der analytischen Richtung) und Fehlachtung und Vernachlässigung des Uebersinnlichen.

D. Die nächsten Schüler des Platon und des Aristoteles.

Erster Bildkreis:

Sokrates, des armen Bildhauers Sophroniskos und der Phänarete (einer Hebamme) Sohn, war im 469. Jahre v. Chr. zu Athen geboren. Man kann sagen, dass Sokrates die im sophistischen Denken geahnete reine Wahrheit rein erfasst und zum Theil zur Darstellung gebracht hat. Aber zu den Sophisten kann er nicht gerechnet werden, weil in ihm der Gegensatz des Subjectiven und des Objectiven in Erkenntniss und Anerkenntniss des Göttlichen im Menschen und Gottes selbst schon gelöst erscheint.

Sokrates unternahm es, die hellenische Wissenschaft umzugestalten, oder vielmehr: sie neu und höher zu bilden, sowohl in Gehalt, als in Form, infolge seiner eigenthümlichen wissenschaftlichen Denkart, welche selbst wiederum in seiner eigenthümlichen Gesinnung enthalten war, die ihn als Menschen auszeichnete. Bekannt mit dem bisher Geleisteten, hielt er dieses an die zum Theil dadurch in ihm geweckten Vernunftahnungen und fand, dass es weder den ganzen Menschen befriedige, noch insonderheit dem erkennenden, fühlenden, wollenden und handelnden Menschen genüge, und dass es unfähig sei, ein gutes und schönes Leben zu begründen. — Er sah ein, dass der Wissenschaftforscher stets den ganzen Menschen im Auge behalten und deshalb von genauer Selbstbeobachtung, besonders von gründlicher Beobachtung seines Erkenntnissvermögens, anheben müsse, indem Selbstkenntniss der ingeistliche Grund aller menschlichen Erkenntniss, auch der Erkenntniss Gottes und der Natur, sei. Man müsse daher den Menschen vom Standorte des Lebens aus für die Wissenschaftforschung erwecken, damit er zuerst einsehe, dass er Nichts wisse; — und die Wissenschafterweckung könne vornehmlich geschehen durch lebendiges, freies, die sittlichreine Entwickelung eines Jeden förderndes Wechselgespräch, mittelst einer geistlichen Hebammenkunst. So könne und solle der Mensch von seinem Ich aus auch zu Erkenntniss Gottes, ja durch Ausübung der Tugend zu einer eigenleblichen Vereinbeziehung mit der Gottheit gelangen, indem sich Gott der reinen, nur das Gute und Schöne wollenden Seele bestimmt anzeige und ihr lehre, was sie zu thun, noch öfter aber, was sie zu vermeiden habe. — Er selbst lebte in dieser gottinnigen Begeisterung für die Tugend und behauptete, in sich jene göttliche Abmahnung und Warnung bei wichtigen Entschlüssen stets zu vernehmen. Dieser Zug der gottinnigen Ahnung ist rein antisophistisch. — Der Geist seiner Gespräche war: reine Wahrheitliebe und Wohlwollen; allein in Gesprächen mit seinen anmassenden sophistischen Gegnern bediente er sich einer ihm eigenthümlichen, mit feinem Scherze gewürzten Ironie, wonach er die Behauptungen der Gegner und ihre Ansprüche auf schon vollendetes Wissen zuzugeben schien, indem er seine Unwissenheit bekannte, sich von ihnen Belehrung erbat, sie aber dann mit dialektischer Kunst in Widerspruch mit sich selbst brachte, dass vielmehr ihre Unwissenheit offenbar wurde; liessen sie sich hierauf weiter mit ihm ein, so suchte er, in ihnen die Ahnung derjenigen Idee zu erwecken, worauf es bei jedem Gegenstande des Gespräches ankam, und überliess es ihnen dann, selbst darüber nachzudenken, oder bei ihm weitere Belehrung zu suchen. — Das Eigenthümliche der Denkart des Sokrates ist also: das Anfangen der Untersuchung und der Erkenntniss mit der Selbsterkenntniss, — die Erforschung des Erkenntnissvermögens und der Denkgesetze, und die dadurch befugte, stufenweise Erhebung des Geistes zur Erkenntniss Gottes, in einem gesetzmässigen, nicht sprungweisen, Ganzen der Forschung und in steter Beziehung auf den ganzen Menschen, auf Tugend und Recht, auf Frömmigkeit und auf alle gesellschaftlichen Verhältnisse. Diese beiden grundwesentlichen Eigenschaften der wahrhaft wissenschaftlichen, d. i. der philosophischen, Denkart, Selbstbesonnenheit und lebwirkige (praktische) Richtung der Forschung, finden sich bei keinem griechischen Philosophen vor Sokrates in dieser Bestimmtheit, Vereinigung und Stärke. — Wenn nun aber Sokrates gleich bei seiner geistlichen Hebammenkunst davon ausging, dem vorwissenschaftlichen Menschen zu zeigen, dass er Nichts wisse; so lehrte er doch keineswegs, dass es für den Menschen bei dem Nichtwissen sein Bewenden haben solle und müsse; sondern seine lehrkunstliche Absicht war, dadurch zu gründlichem Nachdenken zu wecken, und zum wahren Wissen Anleitung zu geben. Und wenn Sokrates die aufsteigende Richtung der Forschung und der Erkenntniss hervorhob und sich vorzüglich mit Untersuchung lebwirkiger (praktischer) Gegenstände beschäftigte, weil es an Beiden bis dahin so sehr fehlte, — so behauptete er dennoch nicht, dass die sinnlichen Wahrnehmungen an sich die Grundlage der menschlichen Erkenntniss seien, oder dass die wissenschaftliche Beweisführung der Wahrheit aufsteigend, analytisch-subjectiv, geleistet werden könne; vielmehr erkannte er Gott als Sachgrund und die Gottschauung als Erkenntnissgrund aller Wahrheit an. Indem ferner Sokrates die Tugend als Ziel der Erkenntniss und Wissenschaft aufstellte, lehrte er zugleich auch, dass selbige ihren Grund in der Gotterkenntniss und Frömmigkeit habe. Er bestimmte die Tugend als Harmonie des Menschen mit sich selbst im Erkennen, Wollen und Handeln; — sie gründe sich auf wahre Erkenntniss in eigner Einsicht und auf Weisheit ($\sigma o \varphi i \alpha$); und in der reinherzigen Tugendgesinnung sei auch die Eine, ganze Glückseligkeit, oder vielmehr: Seligkeit, gegeben. „Die Tugend ist nichts Anderes, als Weisheit, d. i. die mittelst der Selbstkenntniss des Geistes erfasste lebendige, zur Handlung beseelende Erkenntniss des Besten. Erkennen und Thun gehören untrennbar zusammen; wer dies nicht einsieht, ist ein Thor, oder ein Sklav. Auch ist die Tugend nicht zu trennen von Schönheit, d. i. von harmonischer Bildung und Vollkommenheit; — Tugend also ist Schöngüte ($\varkappa \alpha \lambda o \varkappa \dot\alpha \gamma \alpha \vartheta i \alpha$). Gottinnigkeit, Frömmigkeit (Religiosität) ist die Verehrung Gottes durch Rechtthun und durch Streben, das Gute nach Kräften zu vollbringen. Gott, dessen Dasein durch die Zweckmässigkeit in und ausser dem Menschen offenbar wird, ist die höchste Vernunft, der Urheber aller Ordnung; urwissend, urmächtig, urweise, urgut, urgerecht; Belohner der Tugend und Bestrafer der Laster. Gott ist das lebendige Urwesen; als Vorsehung überall schauend, leitend, eigenleblich wirksam gegenwärtig. — Die Seele des Menschen ist Gott ähnlich, dämonischer Art, einfach, unabhängig vom Leibe; sie ist des Erkennens, Liebens und Erstrebens des Unendlichen, Göttlichen fähig und bedürftig; ihr ist die ewige Wissenschaft des Ewigen angeboren; sie ist unsterblich, — bestimmt, mit Gott eigenleblich vereint zu sein, und Offenbarungen, Anzeigen und Anwirkungen Gottes zu empfangen. Daher ist jede Erkenntniss, jede Forschung, die sich nicht auf wesentliche Zwecke des Menschen bezieht, unnütz und ein verkehrter, der Gottheit missfälliger Verstandesgebrauch." — Aber Sokrates sah gleichwohl ein: dass der Mensch nicht tugendhaft sein könne, wenn er nicht Gott und das Göttliche erkenne und anerkenne; dass also gerade die obersten und allgemeinsten Wahrheiten die für Lebenweisheit und Tugend erstwesentlichen, unentbehrlichsten sind. Also scheint auch Sokrates, die Naturforschung nicht überhaupt verworfen zu haben, sondern nur das voreilige, des Grundes und Gesetzes entbehrende Grübeln über die Natur, besonders über Gegenstände, worüber sinnliche Erfahrung, entweder damals noch nicht, oder auch überhaupt nicht, möglich sei, z. B. über den innern Bau und die Bewegungen der Gestirne und über das gesammte Weltsystem. Und wenn Xenophon und Cicero*) ihn behaupten lassen, dass alles Wissen, das nicht auf das handelnde Leben Einfluss hat, überhaupt eitel, zwecklos und Gott missfällig sei, — so scheint diese Annahme aus einseitigem Erfassen des sokratischen Geistes hervorgegangen zu sein; und dagegen möchte wohl Platon hierüber mehr Glauben verdienen, der das Eigenwesentliche der sokratischen Denkart erfasste, ohne dieselben nach einzelnen Seiten hin zu übertreiben. In den platonischen Gesprächen aber achtet Sokrates jede geistreiche, befugte Speculation, auch über alle Gegenstände der Naturwissenschaft. — Hierüber scheint auch die Aeusserung des Sokrates Licht zu verbreiten: dass denen, die nichts lieber sein wollen, als gute Menschen, alle andere wissenschaftliche Bildung leicht sei**). Hätte Platon den Sokrates in dieser Hinsicht anders dargestellt, als er gewesen war, so hätten die Zeitgenossen ihn der Unwahrheit beschuldiget.

Sokrates hat die vom gewöhnlichen Bewusstsein aufsteigende Betrachtung (den subjectiv-analytischen Haupttheil

---

*) Quo etiam sapientiorem Socratem soleo judicare, qui omnem ejusmodi curam deposuerit: eaque, quae de natura quaererentur, aut majora, quam hominum ratio consequi possit, aut nihil omnino ad vitam hominum adtinere dixerit. (Cicero de Rep. I, c. XIX.) Wo dann weiter der Einwurf, dass Sokrates doch bei Platon viel Naturwissenschaftliches spreche, widerlegt wird.

**) Cicero de Oratore I, c. 47.

der Wissenschaft) zwar angebahnt, aber nicht durchgeführt, insonderheit den Gedanken: Gott nicht in dem durch genaue Selbstbeobachtung im Innern durchgebildeten Bewusstsein nachgewiesen. Daher Alles, was er hinsichts des Uebersinnlichen behauptet und lehrt, bloss den Werth schöner Ahnungen hat, denen die sachliche Wesenheit zum Grunde liegt. Insofern war sein Philosophiren noch dogmatisch-objectiv (sachbehauptend), nicht ganzgliedbaulich, — absolutorganisch. Eine Ableitung der übersinnlichen Wahrheit in der Wesenschauung, — synthetische Construction, ist bei ihm nicht zu finden.

Was aber die Methode und die Darstellungkunst der Wahrheit und Wissenschaft in Gesprächform in Ironie (Abspott) betrifft, so konnte darin Sokrates nicht mehr leisten, als auf dem Standorte seiner eignen Wissenschaftbildung möglich war. Also, sowie die sokratische Wissenschaftbildung sich zu ganzgliedbauiger (absolutorganischer) Wissenschaftbildung verhält, so verhält sich die sokratische Gesprächkunst und Ironie zu ganzgliedbaulicher Gesprächkunst und Ironie. Der wesengliedbauschauende Wissenschaftforscher vermag, auch diese Gesprächkunst vollwesentlich zu bilden, und alle sokratische (und höhere) Zwecke damit zu erreichen. Die Ironie aber verschwindet in heitern Liebe-Ernst. — Auch von Platon's eine Stufe höherer Gesprächkunst und Ironie gilt dasselbe.

Der sokratische Geist konnte wegen seiner Universalität und tiefen Harmonie nur von Wenigen aus den vielen Schülern des Sokrates ganz verstanden und aufgefasst werden, und Platon scheint der Einzige zu sein, welcher den sokratischen Geist ganz in sich aufgenommen und in noch tieferer und reicherer Harmonie ausgebildet hat. Die vier Hauptelemente der sokratischen Denkart wurden einzeln erfasst: der reine Tugendeifer von den Kynikern, das dialektische Element von den Megarikern, die Glückseligkeitlehre von den Kyrenaikern, die Ironie von den Pyrrhonikern. — Eben, weil des Sokrates Denken mehr eine schöne Ahnung, als wissenschaftliche Gestaltung war, und in selbigem viele Hauptpunkte unbestimmt und unentschieden blieben, war dieses Zerfallen in einzelne Schulen und zugleich das Fehlbilden der einseitig erfassten Elemente gegeben und unvermeidlich. — So hatte Sokrates die Lehre von der Glückseligkeit in doppelter Hinsicht unbestimmt gelassen; erstens, indem er die innere Seligkeit (die Selbstbefriedigtheit, den Selbstfrieden) des vernünftigen Geistes nicht unterschied von der Glückseligkeit. Dann, indem er das Verhältniss der Glückseligkeit zu der Tugend nicht genau durchbestimmte. So wurde von seiner Lehre aus die kyrenaische Abirrung möglich, die ausserdem, wenn schon in der noch einseitigen Entfaltung des hellenischen Geistes mitgegeben, doch wenigstens nicht als ein Zweig des Sokratismus sich hätte entfalten können. Indem nun die ersten Schüler des Sokrates die überwiegende Richtung desselben auf das Leben und die Tugend und auf die dialektische Kunst nach verschiedenen Richtungen hin*) einseitig verfolgten, ohne den sokratischen Entwurf weiter auszuführen, entstanden vier sokratische Schulen, durch welche die wissenschaftliche Wahrheit wesentlich gefördert wurde. Die kynische Schule mit reinem, strengem Tugendeifer; die kyrenaische feinere, oder gröbere Glückseligkeitlehre; die megarische Schule mit überwiegender Ausbildung der Dialektik, als Streitkunst; und die pyrrhonische, welche das sokratische Nichtwissen als Lehre vom Zweifel, als Skepsis, ausbildete. Wegen der Einseitigkeit dieser vierfachen Richtung verfielen diese Schulen in entgegengesetztes Aeusserstes (in opponirte Extreme), und im pyrrhonischen Skeptizismus erscheint das sokratische Streben als ein leerer, erfolgloser Anlauf. —

Aus dem Gesagten ergiebt sich aber, dass Sokrates selbst sein Erkennen zu einem gesunden, vollständigen Keime des allumfassenden Wissenschaftgliedbaues ausbildete, der aber der weiteren Entfaltung durch urgeistiges Denken bedurfte. Hiezu war erforderlich: weitere Ausbildung der vom Ich aus aufsteigenden Wissenschaft, Weitergestaltung der von Sokrates begonnenen Erkenntnisslehre und Wissenschaftlehre, Logik und Dialektik, Ausbildung der wissenschaftlichen Sprache, Aufnahme des Wesentlichen aller früheren Wissenschaftforschung unter den Griechen und Nichtgriechen, Hinaufdringen bis zu der reinen, ganzen Wesenschauung und dann: Entfaltung des Wissenschaftgliedbaues selbst in und durch die Wesenschauung.

In diesem Sinne erfasste Platon den Geist und das Streben des Sokrates; und alle uns aufbehaltene Forschungen und Lehren Platon's stimmen dahin zusammen, diese jetztgenannten Aufgaben zu lösen, und dabei besonders die früheren Systeme, vorzüglich auch das System des Pythagoras, in seine höhere Wissenschaftgestaltung aufzunehmen. —

Zweiter Bildkreis: Platonische Philosophie.

Platon, zu Athen im 429sten Jahre vor Christus geboren, als Sokrates 40 Jahr alt war, wurde, bei grossen Anlagen zur Poesie und zur Wissenschaft, zuerst zum Dichter

---

*) Cicero de Oratore III, c. 16.

erweckt und beschäftigte sich als Jüngling mit Poesie, wurde sodann aber durch Sokrates für die Wissenschaft gewonnen. Noch ehe Platon ein Schüler des Sokrates wurde, kannte er schon das Ganze der griechischen Wissenschaftssysteme, besonders die Systeme des Pythagoras, des Herakleitos und des Anaxagoras. Nach zehnjährigem Umgange mit Sokrates und nach dem Tode desselben, im 400ten Jahre vor Christus, reiste er in Kleinasien, Aegypten, Kyrene, Italien und Sicilien und lebte an dem Hofe der sicilianischen Herrscher, kehrte aber endlich für immer nach Athen zurück, wo er dann erst zu lehren anfing und im 81sten Lebenjahre, 348 v. Chr., starb. — Bis wieweit Platon in einzelnen Theilen der Wissenschaft gekommen, ist nicht genau zu entscheiden, weil er, wie die neusten geschichtlichen Forschungen aufs Neue wahrscheinlich machen, einen esoterischen, nur den Vertrautesten mitgetheilten, Lehrbegriff und unschriftliche Lehren ($ἄγραφα$ $δόγματα$) hatte. Hiervon hält sich auch Tennemann überzeugt, der dem Studium des platonischen Systems mehre Jahre gewidmet hat. Wie sehr aber immer der Verlust dieser nicht aufgeschriebenen, oder nicht mitgetheilten, oder untergegangenen wissenschaftlichen Lehren des Platon zu bedauern sein mag, so geben doch seine Gespräche über das Ganze seines Wissenschaftbaues und über dessen innere Gliederung im Allgemeinen Aufschluss, und da Aristoteles die $ἄγραφα$ $δόγματα$ des Platon kannte, so würde er, wenn selbige mit den in den platonischen Gesprächen entwickelten Ueberzeugungen und höchsten Hauptlehren gestritten, oder selbige in Hauptpunkten überschritten hätten, dies bemerkt haben, um so mehr, als er viele der platonischen Hauptlehren dialektisch bestreitet. Er würde diesen Umstand wenigstens angezeigt haben, wenn er auch die $ἄγραφα$ $δόγματα$ selbst nicht ausgeführt hätte, weil es der Volksreligion und Volksitte gegenüber gefährlich war, wie die Hinrichtung des Sokrates und vieler Philosophen Verbannung als Götterleugner lehrte. — Platon's Lehre.

Nachdem Platon lange mündlich gelehrt und auch den grössten Fleiss auf die Ausarbeitung seiner Gespräche gewandt hatte, starb er ruhig im 81. Lebenjahre. Vgl. Platon's Leben und seine Schriften von Ast, 1816, in kritischer Beleuchtung und mit genauer Abhandlung über jedes Gespräch nach Plan, Inhalt und Form.

Indem nun Platon den sokratischen Weg der Selbsterkenntniss Gottes fortsetzte und dabei die ganze Selbstwissenschaft des Ich, als schauenden, fühlenden, wollenden und handelnden Wesens, urneu anbahnte, erkannte er Schaun des Wesentlich-Seienden (des $ὄντως$ $ὄν$) als die ursprüngliche, unvermittelte Erkenntniss an, wodurch erst alles Besondere und Einzelne erkennbar werde. Er dachte das Wesentlich-Seiende, Gott, nicht bloss mit der Bestimmung der Einheit und des Seins ohne alles Leben und ohne alle Bewegung, wie die eleatischen Philosophen, noch auch allein mit der Bestimmung der Vielheit und des Werdens ohne alles Bestehen, wie Herakleitos, sondern mit beiderlei Bestimmungen zugleich in ungetrennter Einheit und Vereinheit, in der unzertheilten Wesenheit. Daher bezieht Platon alle Dinge, alle Wesen und Wesenheiten, alles Sein und alles Erkennen und Handeln, zu Gott als dem Einen Grunde der Wesenheit und der Daseinheit und des Erkennens. — Die Grunderkenntniss Gottes ist nach Platon's Lehre an sich auch der Grund der Selbsterkenntniss des Menschen und zugleich auch der Erkenntniss alles dessen, was ausser dem erkennenden Geiste ist und lebt. — Daher bestimmt Platon den Begriff der Philosophie: als die Erkenntniss des Allgemeinen und Nothwendigen, des unbedingt Seienden, welches die Seele, als Vernunft, unmittelbar, wie sich selbst, erkennt. — Die Wissenschaft wird aber weiter zu einem lebendigen organischen Ganzen ausgebildet, in welchem die Wesen und die Wesenheiten an sich selbst und in ihrem Zusammenhange als in und durch Gott geschaut werden, mittelst des organischen Ganzen der Grundbegriffe, die er Ideen nennt, welche vor und über allen gemeinbegrifflichen und sinnlichen Schauungen und Erkenntnissen in der Seele gegenwärtig sind. Die Ideen sind die Wesenheit der Dinge, sie sind zugleich die Urbilder des göttlichen Verstandes, wonach Gott die Welt bildet und erhält, und wonach auch der Mensch, Gott ähnlich, sein Erkennen und sein Handeln in sittlicher Schönheit gestalten soll; und so erkannte Platon, dass der Sachgrund der Wesen und Wesenheiten, — das Princip der Objecte, und der Erkenntnissgrund derselben, für Gott und für den Gott ähnlichen Geist, der Eine und selbe Urgrund sei, d. i. Gott selbst, welcher die Dinge nach den göttlichen Urbegriffen oder Ideen gebildet hat.

Wer zu der Erkenntniss Gottes oder, wie ich sie nenne, zu der Wesenschauung gelangt ist, der sieht ein, dass Platon in den Ideen die Grundwesenheiten oder Grundeigenschaften Gottes selbst gemeint und wenigstens wissenschaftlich geahnet hat; denn die Grundwesenheiten Gottes, auf das Leben in der Zeit bezogen, sind das, was werden soll, die unendlichen Forderungen, Postulate, wonach Gott selbst das Leben gestaltet; so die Idee des Guten, des Gerechten, des Schönen, der Wahrheit und Wissenschaft. Deshalb musste Platon lehren: dass die Ideen selbst in Gott wesenhaft da wären, nämlich nicht bloss als Erkenntnisse, als Gedanken Gottes, sondern als Wesenheiten Gottes. Er musste insofern die Ideen hypostasiren, als hypostatisch betrachten und anerkennen. Und insofern hat Aristoteles recht, der Platon deshalb tadelnd bestreitet, weil Aristoteles in diese Tiefe des Gedankens nicht eingedrungen zu sein scheint; aber ebendeshalb musste er auch Platon's Ideenlehre missverstehen. Die Erkenntniss aber des Wesenhaft-Seienden, als die erste und höchste Erkenntniss, muss, nach Platon, Jeder haben, der in seinem Eigenleben und seinem geselligen Vereinleben Wesenhaftes, d. i. Gutes und Schönes, in Vernunfteinsicht, darstellen und vollführen soll. — „Die Philosophie, als die „dem göttlichen Chore", d. i. dem Gliedbau, der Ideen gemässe Wissenschaft, ist selbst ewig, sie entsteht nicht, sondern wird nur von der sich besinnenden Seele in erneuter Erinnerung wiedergewonnen", denn die Seele des Menschen ist rein und periodisch. — Ahnung der Philosophie der Geschichte. In der platonischen Ideenlehre sehen wir die pythagorische Zahlenlehre in höherer Stufe vergeistiget wieder, aber es überwiegt bei Platon nicht mehr, wie bei Pythagoras, die blosse Form und das Gesetz der Form; sondern der Inhalt ist mit seiner Form zugleich gedacht, und das Gesetz ist als an dem Gehalte dargestellt. —

Auch auf die Entwickelung der obersten Grundsätze, der Ursätze für die Wesenheit der Dinge, für das Leben und für die Wissenschaft ging Platon's urgeistiges Forschen; und er erkannte die Grundsätze der Selbwesengleichheit oder der Identität und des Widerspruches, besser: der Gegenwesenheit (den Satz der Contradiction), in ihrer grundwissenschaftlichen Wesenheit. Ueber den Grundbegriff der Ursachlichkeit (der Causalität) stellte er tiefsinnige Untersuchungen an; er erkannte die ewige Ursachlichkeit im Gegensatz mit der zeitlichen Ursachlichkeit, bezog beide aufeinander und unterschied ferner die bloss abwärts und zeitlich wirkende von der Zweckursachlichkeit, welche das Gegenwärtige für das Zukünftige nach vernünftigen Zwecken bestimmt. Auch stellte er die Grundlage der Sprachwissenschaft und der Wissenschaftsprache auf. (S. Rixner 2. Ausg., S. 207 ff.)

Die Erkenntniss ist, nach Platon, dreifach. Zuerst die wissenschaftliche, philosophische des Wesenhaft-Seienden und der göttlichen Ideen, als des Ewigen, Unvergänglichen, welches und sowie es im Verstande Gottes da ist und Gott bei der Weltbildung zum Vorbilde dient. Dann die mathematische Erkenntniss, welche mit der philosophischen das gemeinsam hat, dass ihr Inhalt und Gegenstand ein Ewigwesentliches und Unveränderliches ist, mit der sinnlichen Erkenntniss aber dies, dass ihr ein Sinnliches, vollendet Bestimmtes als ein vergängliches Bild oder Schem beigemischt ist, doch achtete er die Mathesis sehr hoch und beschäftigte sich viel mit Geometrie. Ueber die Thürschwelle seines Hörsaales soll er gesetzt haben: οὐδεὶς (bez. μηδεὶς) ἀγεωμέτρητος εἰσίτω. Dann die sinnliche Erkenntniss des Vollendet-Endlichen, Zeitlichen, Vergänglichen und, infolge der Endlichkeit, Unvollkommenen, welche nur insofern Wesenheit und Werth hat, als an dem Sinnlichen das göttlich Gute und Schöne dargebildet und zur wirklichen Erscheinung gebracht ist.

Was die Form des Erkennens und Denkens betrifft, so scheint Platon zwar die Grundthätigkeiten und Grundverrichtungen des Denkens erforscht, aber nicht so ausführlich, als Aristoteles erkannt zu haben, und es ist nicht mehr auszumachen, wie Vieles Aristoteles dem Platon hierin verdankt. Platon versteht unter der Dialektik die ganze Wissenschaft vom Vernunftgebrauch in Denken und Erkennen und unter der dialektischen Kunst den kunstmässigen Vernunftgebrauch selbst. Im Phädros zeigt er, dass die Dialektik nicht nur für die Bildung der Wissenschaft überhaupt und jeder Wissenschaft insbesondere, sondern auch für jede andere Kunst, wie z. B. Redekunst, Dichtkunst, Heilkunst u. s. w., unentbehrlich und die innerste Grundlage sei.

Seine Grundgedanken über die Sprache sind vornehmlich im Kratylos enthalten. a., Ein Wort ist Bezeichnung, zugleich Nachahmung und Darstellung eines Gegenstandes. Das richtige Wort ist das sachähnliche, sachgemässe. b., Die ganze Sprache und alle Wörter sind also ein nach der Idee von Sachkundigen gebildetes Kunstwerk. c., Also ist die natürliche und nothwendige, d. h. göttliche, Bezeichnung von der willkürlichen, bloss conventionellen zu unterscheiden; erstere hat ihre Wesenheit an und in sich selbst. d., Der Philosoph soll also sich nicht der Volksprache als der conventionellen Bezeichnung blindlings hingeben, sondern er soll bestrebt sein, α) das wesentliche zu Bezeichnende nach Ideen zu erkennen, um dann β) auch die richtige Wortbezeichnung zu finden, und die vorgegebene Volksprache und Wissenschaftsprache danach zu beurtheilen und zu berichtigen. —

Die Haupttheile des platonischen Systems sind: die Lehre von Gott und dem Erkennen, — Theologie und Noëtik; dann die Lehre von der Welt und den Gesetzen der Welt, — Kosmologie und Physik; und die Lehre vom Menschen, von der Tugend und vom Staate, — Ethik und Politik. — Die platonische Naturwissenschaft handelt vom Entstehn der Welt und von den Gesetzen der Entwickelung ihres Lebens in bestimmten Zeitkreisen. Er benutzt dabei die Speculationen seiner Vorgänger, bezieht alles Einzelne beständig zu dessen Idee und zu dem ganzen Gliedbau der Ideen; und wenn auch Platon eine organische Construction in der Naturwissenschaft nicht erreichen konnte, weil die Grundwissenschaft und die beobachtende, empirische Naturwissenschaft erst noch im Keimen waren, so trägt er doch die Vernunftahnungen der Philosophie über die Natur in geistreichen, schönen Poesien und Mythen vor, vergeistigt alles ihm Bekannte und würdigt es nach Ideen; auch erkennt er das Walten Gottes in der Natur an und schaut die Natur selbst als beseelt, als die Eine, von Gott begründete Weltseele.

Sie ist das von Gott geschaffene Grundprincip des Lebens und der inneren Bewegung des Weltalls. Das Weltall ist ein bewegtes Bild der Ewigkeit ($\varepsilon\dot\iota\varkappa\grave\omega\nu$ $\varkappa\iota\nu\eta\tau\grave\eta$ $\alpha\dot\iota\tilde\omega\nu o\varsigma$).

Ein Grundmangel des platonischen Systemes wäre es indess, — wenn anders in seinen Gesprächen seine Grundüberzeugung hierüber nicht verschwiegen ist, — wenn er, ähnlich dem Anaxagoras, angenommen hat, dass die leibliche Welt, die Materie, von Ewigkeit ausser Gott da sei, als ein an sich formloses und der Entwickelung Gottes, der es nach den göttlichen Ideen umgestaltet, überhaupt und erstwesentlich widerstrebendes, also des Uebels fähiges, Ganzes; und dass daher die endlichen Seelen, wenn sie in die äussere Natur eingekörpert würden, dadurch in Unmenschheit und in ungöttliche, sinnliche, thierische Gelüste verfielen; — dass also die materielle Welt auch der Quell alles unsittlich Bösen sei. Diese Annahme ist aber ebenso der Grunderkenntniss Gottes, als der Natur und des Verhältnisses Gottes und der Natur zuwider und mit der reinen Wesenschauung unvereinbar, und auch der Quell des Bösen ist für das endliche Vernunftwesen eigentlich und ursprünglich im Geiste und nicht im Leibe.

Allerdings nennt Platon die leibliche, materielle Welt das Nicht-Seiende ($\mu\grave\eta$ $\ddot o\nu$) und stellt selbige als ausser Gott seiend dar. Da aber im Griechischen das Wesentliche oder Wesende und das Seiende mit einerlei Worte bezeichnet wird, weshalb eben Platon Gott das Seiend-Seiende oder Wesentlich-Seiende ($\ddot o\nu\tau\omega\varsigma$ $\ddot o\nu$) nannte: so konnte wohl die Natur das Nicht-Seiende ($\mu\grave\eta$ $\ddot o\nu$) im Gegensatze des Wesentlich-Seienden genannt werden; und ebenso konnte ohne Unwahrheit gesagt werden, dass die leibliche Welt ausser Gott sei, wenn im Zusammenhange nur von Gott - als - Urwesen die Rede war. Vielleicht geben noch tiefere historisch-kritische Untersuchungen Aufschluss über diesen streitigen Punkt der platonischen Lehre. —

In Ansehung der Wissenschaft von der menschlichen Seele behauptet Platon, übereinstimmig mit der altindischen und altpersischen Lehre und in Vergeistigung der Lehre des Pythagoras: jede menschliche Seele ist die Verwirklichung einer göttlichen Idee; ihre wahre Wesenheit besteht in ihrer

Wesengleichheit mit Gott; dass sie also Gott und das Göttliche in ihr selbst erkenne und, dieser Erkenntniss gemäss, empfinde, wolle und wirke, mit Besiegung der Hindernisse und der Verleitungen durch die Sinne und Triebe des Leibes; — dass also des Menschen höchste und einzige Lebenaufgabe ist: Gott ähnlich zu leben, soweit es möglich ist, indem allein das Göttliche, das Ewige und sich selbst Gleiche des Menschen Leben leitet, das Sinnliche aber dem Vernünftigen gehorcht.

Die Wesenheit der menschlichen Seele besteht in drei Grundeigenschaften und Vermögen:

a) die Vernunft ($τὸ\ λογιστικόν,\ νοῦς$) ähnlich Gott;
b) das sinnliche Begehren ($τὸ\ ἐπιθυμητικὸν\ ἢ\ χρηματιστικόν$), ähnlich den Thieren;
c) das eifrige Streben, der Eifer, welches auch als Zornstreben, als Zornmuth für das Gute wider das Böse erscheint ($θυμικὸν\ ἢ\ θυμοειδές$). Die Vernunft und der edle Eifer begründen die Tugend und alle besondern Tugenden des Menschen.

Die Vernunft vornehmlich begründet die Weisheit ($σοφία$), der edle Eifer die Mannhaftigkeit oder Standhaftigkeit, die ausdauernde Kraftstärke des Willens, das Gute wider die Leidenschaft, die zum Schlechten reizt und hinabzieht, zu behaupten. Weisheit und Mannhaftigkeit giebt im Vereine Gerechtigkeit, wonach jedes wohlgemessen wirkt und angewirkt wird (leidet), das Gehörige empfängt und leistet. Und in diesen drei Tugenden wird die vollwesentliche Vereinstimmung, der Seele im Guten, $σωφροσύνη$ genannt, geboren, welche das ganze Leben des Menschen gleichförmig umfasst, sein Selbst-Eigenleben, sein Familienleben, freigeselliges Leben und bürgerlich geselliges Leben, worin dann die Guten wie in Eine Seele, wie in Einen Geist, wie in Einen Willen zum vollwesentlichen Guten panharmonisch zusammenstimmen.

In Bezug auf das sittliche Leben ist Gott der Eine Gute oder das allein vollkommene gute Wesen; zugleich die Eine Güte und das Eine Gut. Gott ist Grund und Urheber des Sittengesetzes und waltet als weise und als gerechte Vorsehung darüber, dass das Sittengesetz gelte, dass das Gute gelinge und bestehe, dass das Böse, welches nicht unmittelbar aus Gott, sondern aus der in der Materie liegenden Lebensbeschränkung stammt, endlich besiegt werde. Gott bildete die Welt nach dem vollwesentlichen Musterbilde zu einem schönen, harmonischen oder symphonischen Ganzen. Eine ähnliche Bildung vollführt die Seele in Vernunft, wenn sie nach den von ihr erkannten göttlichen Ideen alle Gedanken und Empfindungen also ordnet und verbindet, dass daraus ein organisches, harmonisches Ganzes hervorgeht, welches das vollständige menschliche Gut ist. Das wahre Leben der Seele besteht in der Erkenntniss ihrer Aehnlichkeit mit Gott und in der Darlebung dieser Aehnlichkeit. Deshalb: Freiheit von den Banden des Leibes! Stete Reinigung, Weihung! sich aufzuschwingen zu dem Ewigen, Göttlichen, schon in diesem Leben wie in einer Entzückung lebend. — Denn der Leib beschränkt den Geist, wie ein Kerker; der Geist ist wie in einer Höhle, in welche durch Oeffnungen das göttliche Licht, wie das Taglicht, hereinscheint; — das sinnliche, leibliche Leben ist also wie eine Art des Todes. Daher muss der Mensch sittlich handeln, ohne alle Hinsicht auf die Folgen, auf das sinnliche Wohl, oder Wehe; ja wenn die Erfüllung unserer Pflicht selbst Lebengefahr und das grösste Ungemach zuzöge, so müssten wir unsere Pflicht thun, den Erfolg aber und, was es für Folgen für unser Leben und Schicksal habe, Gott überlassen.

Die Tugend, als die Nachahmung Gottes im Leben, in ganzer, völliger Uebereinstimmung der ganzen Vernunft und aller Grundsätze und Handlungen, ist nur Eine; entspringend aus göttlicher Freiheit, und in sich haltend Weisheit, als Erkenntniss des wahrhaft Guten, dann Festigkeit oder Standhaftigkeit, Mässigung und Gerechtigkeit, welche Eigenschaften alle in der Person des Weisen, des Philosophen, in den Allvereinklang des ganzen Lebens, in Wahrheit und in Schönheit, verbunden werden; — daher auch nur der Weise den Staat regieren, beherrschen, d. i. das Leben zum Guten leiten kann. Der Weise, der Philosoph soll herrschen. Das Elend des Menschengeschlechts kann nicht eher aufhören, sagt Platon, bis nicht dieses geschieht*). (Vgl. Tennem. II, S. 518; de Republ. L. V. p. 52s.)

Platon's Lehre von der Schönheit und von der Liebe.

„Das Vereinleben der Menschen in Familien, in Freundschaften und im Staate wird nach demselben Einen Tugendgesetze gebildet und geordnet." Platon umfasste allerdings die Wesenheit und den höchsten Zweck der Menschheit im Allgemeinen als Idee und behauptete, dass die Menschheit ihre Bestimmung nur durch wahre Philosophie erreichen könne, zu welchem Ende die Philosophen nur durch Ueberzeugung wirken sollen, welche sie durch freie Belehrung hervorbringen**). Allein die Idee der Menschheit und ihres

---

*) Οὐκ ἔστι κακῶν παῦλα τῷ ἀνθρωπίνῳ γένει, ἐὰν μὴ οἱ φιλόσοφοι βασιλεύωσιν.

**) Id enim jubet ille Plato, quem ego vehementer auctorem sequor, tantum contendere in republica, quantum probare tuis civibus possis;

Lebens und ihre organische Entfaltung in der Gesellschaft findet sich bei Platon nicht ausdrücklich ausgesprochen, noch weniger aber wissenschaftlich im Innern gestaltet und entfaltet. Denn er erhebt sich nur bis zu der Idee des Staates, welchen er allerdings auf die jedoch nicht klar entwickelte Idee eines organischen Vereinlebens für die gesammte menschliche Bestimmung bezieht. — In dieser Hinsicht enthält Platon's Staatlehre, wovon seine Rechtslehre nur ein Theil ist, allerdings einzelnes grundwesentliche Wahre; im Ganzen aber steht dieselbe mit seinen naturwissenschaftlichen Darstellungen auf ähnlicher Stufe; und da Platon sich dabei von der Eigenthümlichkeit des griechischen Lebens und Sinnes befangen zeigt, so finden sich in seiner Staatlehre im Einzelnen voreilige, mit seinen eignen höchsten Grundsätzen unvereinbare Entscheidungen, z. B. über Ehe, über Lohn und Strafe (Leibesstrafe), Poesie und Dichter, über das Verhältniss der verschiedenen Stände.

Ueber die platonischen Schriften vergleiche Rixner und Ast*).

... Wenn wir nun diese gedrängte Darstellung mit den Forderungen an die Wissenschaft, welche in der Wissenschaftlehre gefunden werden, vergleichen**), so werden wir ermessen können: dass Platon

1) zu der Idee des Einen, allumfassenden Gliedbaues oder Systems der Wissenschaft gelangt ist und zu der Entfaltung desselben wesentliche Vorarbeiten geleistet hat. In den einzelnen wissenschaftlichen Bruchstücken und Aussprüchen, die in seinen Gesprächen sich erhalten haben, giebt sich sein System als ein lebenvoller Keim des dereinstigen Wissenschaftgliedbaues zu erkennen; und es zeigt sich eine unverkennbare Aehnlichkeit dieser Anfänge des platonischen Systemes mit den uralten Systemen der Vedam und der

---

vim neque parenti neque patriae afferre oportere. Atque hanc quidem ille causam sibi non attingendae reipublicae fuisse: quod cum offendisset, populum Atheniensium prope jam desipientem senectute, cum nec persuadendo nec cogendo regi posse videret, cum persuaderi posse diffideret, cogi fas esse non arbitraretur. Cicero, epp. ad. div. I, ep. 9. Vergleiche auch die Erklärungen hierüber in einem dem Platon zugeschriebenen Briefe an den Perdikkas und in dem ersten Briefe an den Verwandten des Dion.

*) Eine sehr merkwürdige Vergeistigung der platonischen Lehre legt Swedenborg einem Platoniker in den Mund. (Siehe Swed. theol. Werke. Leipzig 1789. 8. S. 185 ff. „Die Menschen des goldenen Zeitalters — die Augen des Körpers." Aus: Vera christ. rel. p. 419 s. n. 692.)

**) Vgl. Grundwahrheiten 1829, S. 226—243; 2. Aufl., 1868, Erneute Vernunftkritik, S. 261—280.

Vedantaphilosophie, obgleich mehre platonische Grundlehren mit jenen indischen streiten; z. B. vom $\mu\dot\eta\ \ddot o\nu$, als Selbständigem;

2) die zur Würdigung des platonischen Systems wichtigste Frage ist, ob Platon zu der reinen, Einen, selben und ganzen Wesenschauung gelangt war, oder ob seine Grunderkenntniss Wesens oder Gottes als „des Wesentlich-Seienden ($\ddot o\nu\tau\omega\varsigma\ \ddot o\nu\tau o\varsigma$)" mangelhaft geblieben ist. Dass das Wesentlich-Seiende auch Alles, was ist, an und in und durch sich ist, findet sich in den platonischen Schriften nirgends ausdrücklich gelehrt, und der zuvor erwähnte Ausspruch, dass die materielle Welt, als das Nichtseiende, ausser Gott und nicht durch Gott da ist, scheint mit jener Grundwahrheit zu streiten, und es zu bestätigen, dass Platon sich über den Dualismus des Anaxagoras nicht erhoben gehabt. Allein dieser Widerstreit kann leicht nur scheinbar sein: denn es kommen in mehren noch erhaltenen Stellen übrigens verloren gegangener Schriften des Aristoteles*) mehre Lehren Platon's vor, welche es zum mindesten wahrscheinlich machen, dass Platon das Wesentlich-Seiende vor und über und ohne jede Zweiheit, also auch ohne den erwähnten Dualismus, erkannte; dass also dann behauptet werden dürfte, Platon sei zu der reinen, ganzen Grunderkenntniss Wesens, d. i. Gottes, hindurchgedrungen. Die Erkenntniss Gottes als Urwesens ausser und über der Welt und als weiser, heiliger, gerechter Vorsehung ist in den platonischen Gesprächen mit Bestimmtheit erklärt, obschon die Unterscheidung Wesens, als des Einen, selben und ganzen Wesens, von Wesen - als - Urwesen in den platonischen Gesprächen nicht gefunden wird, so dass mithin Platon den scheinbaren Widerstreit

des In-Wesen-Seins
und des ⎬ der Welt
Ausser-Wesen-Seins

nicht gelöst hat.

3) Zwar ist der erste Haupttheil der menschlichen Wissenschaft, welchen wir den subjectiv-analytischen nennen, in den platonischen Gesprächen nicht entfaltet, aber dessen Nothwendigkeit für die Bildung der Wissenschaft ist doch,

---

*) Diese Stellen finden sich in der Schrift: Brandis, Diatribe academica de perditis Aristotelis libris de ideis et de bono, sive de philosophia, Bonn 1820. Eben diese aristotelischen Fragmente machen es aufs Neue wahrscheinlich, dass Platon noch esoterische, akroamatische Aufsätze verfasst hatte, worin er seine Lehre rein, unumwunden, uneingehüllt in Mythen und Ironie, ausgesprochen hatte, die er aber sich scheute, so allgemein mitzutheilen, als seine Dialogen.

im sokratischen Geiste, anerkannt, und mehre theilweise analytische Entwickelungen, in gesteigerter sokratischer Hebammenkunst, sind in Platon's Gesprächen zu finden.

4) Dieses zusammengenommen, kann behauptet werden, dass Platon den Hochpunkt der Wissenschaftforschung und der Wissenschaft-Einsicht, in der Grunderkenntniss Wesens (ὄντως ὄντος), d. i. Gottes, erreicht hat, von wo aus dem menschlichen Geiste die ganze gliedbauliche, synthetisch-organische, Entfaltung der Wissenschaft möglich ist; und es darf mithin das platonische System als ein gesunder Keim der Wissenschaft betrachtet werden.

Dritter Bildkreis: Die Philosophie des Aristoteles.

Der geistreichste, scharfsinnigste und tiefsinnigste Schüler und eigentliche Nachfolger Platon's ist Aristoteles. Es ist ein schöner Zug der Dankbarkeit einer reinen edlen Seele, dass Platon seine Lehre seinem Lehrer Sokrates in den Mund legt. Nicht so Aristoteles! Er erwies dem Platon nicht ähnliche Liebinnigkeit, als Platon dem Sokrates widmete. Er fasste und erkannte das Wesenhaft-Seiende (ὄντως ὄν) als Princip der Wissenschaft an und bildete die ganze Wissenschaft nach allen Seiten und nach allen ihren Haupttheilen, nach Gleichförmigkeit strebend, in urgeistiger Forschung aus. Er befreite das System der Wissenschaft, welches er durch Platon empfangen, von vielen Mängeln und vorurtheiligen Entscheidungen und leistete insonderheit vieles Wesentliche für den analytisch-subjectiven Haupttheil der Wissenschaft, vornehmlich für den formalen Theil der Logik. Daher wirkte das aristotelische, von der dialogischen Form freigewordene System über zweitausend Jahre lang fortwährend zu der weiteren Ausbildung der Wissenschaft in Europa, Afrika und Asien, bis zu den Arabern, Persern und Indern. — Aristoteles, im Jahr 384 vor Christus zu Stageira geboren, wurde als sechzehnjähriger Jüngling Platon's Schüler und genoss dessen Umgang zwanzig Jahre lang, hernachmals war er Lehrer Alexander des Grossen. Platon nannte den Aristoteles die Seele seiner Schule, obgleich dieser dem Lehrer gegenüber die Freiheit des Selbstdenkens behauptete, und obgleich Beide bald bemerken mussten, dass sie, zwar im Princip einverstanden, doch in vielen Grundlehren, und vornehmlich in der wissenschaftlichen Methode, entgegengesetzter Ueberzeugung waren. Aristoteles theilte auch seine esoterische Philosophie handschriftlich mit, womit Alexander der Grosse besonders unzufrieden gewesen sein soll. Er eröffnete im 50. Lebensjahre zu Athen, im Lyceum, eine Schule, deren Mitglieder hernachmals Peripatetiker genannt wurden, weil sie ἐν περιπάτῳ, in dem Schattengange des Lyceums, philosophirten. Vormittags soll er dort strengwissenschaftliche, esoterische Vorträge gehalten haben, nachmittags aber volkverständliche, exoterische. Er lehrte dort 13 Jahre lang und bildete viele ausgezeichnete Schüler, als nach Alexander's Tode der Oberpriester Eurymedon oder Demophilos ihn der Irrlehre und Gottlosigkeit in Ansehung der Volksreligion anklagte. Er verliess Athen, um, wie er sagte, den Athenern nicht Anlass zu geben, sich ein zweites Mal an der Philosophie zu versündigen, ging nach Chalcis zu seinen Verwandten und starb im Jahre 322 v. Chr.

Aristoteles wendete grossen Fleiss auf Naturforschung und Geschichtforschung, auch auf die Erforschung der Staaten und Völker, wobei ihn Alexander sehr unterstützte. Auch war er ein Philolog im wahren Sinne, unter den Griechen wohl der Erste, der sich eine Büchersammlung anlegte.

Der Gegensatz beider Denker, bei Uebereinstimmung in der Hauptsache, ist so bestimmt und entschieden, dass man Aristoteles den umgekehrten Platon genannt hat; vielmehr aber kann gesagt werden, dass sie sich wechselseits ergänzen, und dass Platon und Aristoteles, harmonisch vereint, Ein im Erstwesentlichen vollständiger Philosoph sein würden. Daher strebten auch die neoplatonischen Philosophen, mehre Philosophen des Mittelalters und Leibnitz, den platonischen und den aristotelischen Geist harmonisch in sich aufzunehmen, und die Systeme dieser beiden Denker in Ein vollständiges System zu vereinen und weiterzubilden. — Erst dreizehn Jahre nach Platon's Tode eröffnete Aristoteles eine eigne Schule; seine Lehre und seine Denkart fand bei den Zeitgenossen weniger Beifall, als bei der Nachwelt (wegen des Inhaltes und wegen der reinwissenschaftlichen Form und der eigenthümlichen Sprache).

Die Lehre des Aristoteles stimmt mit der des Platon mehr überein, als gemeinhin anerkannt wird; denn sie hat das Erstwesentliche, das Princip, mit ihr gemeinsam. Auch Aristoteles erkennt das Wesenhaft-Seiende (ὄντως ὄν) als das Eine Princip des Seins und des Erkennens an, welches alle Dinge, der sachlichen und der ingeistlichen (der realen und der idealen) Möglichkeit nach, in sich enthält. Gott ist das unwandelbare, ewig lebende, beste Wesen, der unendliche Verstand und das unendliche Gemüth (νοῦς), der sich selbst schauende Geist, so dass das Schauende und das Geschaute dasselbe ist (ταὐτὸν νοῦς καὶ νοητόν), und so dass das Wahrnehmen auch das Wahrnehmen des Wahrnehmens, das Erkennen das Erkennen des Erkennens ist (καὶ ἔστιν ἡ νόησις νοήσεως νόησις). Gott ist das ewig lebende, beste Wesen. (φαμὲν δὲ τὸν θεὸν εἶναι ζῷον ἀΐδιον, ἄριστον). Gott ist selig in sich selbst und der Quell der Seligkeit aller Wesen, denen Gott Gestalt und Bewegung giebt, ohne dass Gott selbst in Bewegung ist. — Aber in der Lehre von den Ideen wich Aristoteles entschieden von Platon ab. Er hatte hierüber Platon so verstanden, dass dieser den Ideen eine alleinselbständige, isolirte Wesenheit zuerkenne, dass er die Ideen als unkörperliche Wesen hypostasire; dies leugnete Aristoteles und lehrte, dass die Ideen nicht der Urquell aller Erkenntniss seien. Und allerdings schrieb Platon den Ideen eine selbständige Daseinheit im göttlichen Verstande zu und betrachtete die Gestaltung des Stoffes in der Natur nach den göttlichen Ideen durch Gott als etwas lediglich von aussen zu der Natur Hinzukommendes. Aristoteles hingegen konnte dies, schon vermöge seines lebendigen Sinnes für alles Eigenleben, auch für das individuelle Leben in der Natur, nicht annehmen; er dachte sich also die göttliche Kraft von innen in den endlichen Dingen selbst wirksam, ohne jenen Zwiespalt der Idee und der materiellen Grundlage. Er erkannte die endlichen Wesen und das endliche Leben in ihrer selbständigen Wesenheit an, also auch die sinnliche Erkenntniss, die Erkenntniss der Erfahrung und Geschichte, und sah ein, dass diese, als solche, nicht in und aus den Ideen hervorgehe, sobald diese als der individuellen, geschichtlichen Wesenheit und Erfahrung entgegenstehende, bloss allgemeine, unbestimmte Gedanken angesehen werden. Jedes besondere Wesen besteht, nach Aristoteles, aus seinem Selbwesentlichen, d. i. aus seinem eigenwesentlichen Gehalte ($\varepsilon\tilde{\iota}\delta o\varsigma$) und aus seiner eigenthümlichen Form ($\mu o \varrho \varphi \acute{\eta}$), wonach jedes Wesen seine eigenthümliche Wesenheit in seiner eigenthümlichen, theilweise verneinenden, beschränkenden Gestalt ist. Das Vermögen der endlichen Wesen, ihre ewige Wesenheit, als ihren innern Zweck, von innen heraus darzuleben, nennt Aristoteles die Inzweck-Wesenheit oder Inzweckigkeit, Inzweckheit ($\dot{\varepsilon}\nu\tau\varepsilon\lambda\acute{\varepsilon}\chi\varepsilon\iota\alpha$)*). Eine zweite, nicht minder wichtige Abweichung des Aristoteles von Platon betrifft den Geist und die Methode der Wahrheitforschung und der Wissenschaftbildung und die vorwaltende Richtung des Geistes auf einzelne Gegenstände und Wissenschaften, zum Beispiel

---

*) Diese deutschen, sprachgemäss gebildeten Wöter sind uns gewiss nicht auffallender, als $\dot{\varepsilon}\nu\tau\varepsilon\lambda\acute{\varepsilon}\chi\varepsilon\iota\alpha$ den damaligen Griechen gewesen sein muss. Ueberhaupt hat Aristoteles die griechische Sprache für die Wissenschaft mit einer Freiheit behandelt und ausgebildet, von welcher bisjetzt für die deutsche Sprache noch kein Philosoph ein Beispiel gegeben hat, so unerlässlich dies für die Darstellung der weiter und tiefer ausgebildeten Wissenschaft gefordert wird. — Diese Eigenthümlichkeit der Sprache mag wohl auch dem Lehrsysteme des Aristoteles bei seinen Zeitgenossen den Eingang erschwert haben. Aber er arbeitete für die Wissenschaft selbst und für die Nachwelt.

auf die empirische Naturwissenschaft und auf die Geschichte der Völker und der Staaten. — Aristoteles ging von der sinnlichen Erfahrung-Erkenntniss aus, für welche er von Kindheit an den lebendigsten Sinn hatte, und die ihm viel wichtiger erscheinen musste, als sie dem Platon erschienen war, da er das im Leben Wirkliche als an sich selbst wesentlich erkannte. Er nahm daher auch als die Grundlage der Wissenschaft nicht bloss die Selbstwahrnehmung und Selbsterkenntniss des Geistes an, sondern das ganze Gebiet der sinnlichen Erfahrung. Er behauptete, dass Erfahrung und Geschichte die einzige Grundquelle aller Erkenntniss seien, indem sie zu allen Erkenntnissen den Stoff und Inhalt anschaulich darbieten. Der Prüfstein der Wahrheit sei in Sachen der endlichen Erfahrung der Sinn; aber in Ansehung des Allgemeinen und Unwandelbaren entscheide dann die Vernunft. Die Erfahrung lehre nur, dass Etwas ist, und was Etwas ist, nicht aber auch zugleich, warum Etwas ist, wodurch und wozu es ist. „Daher muss es eine unmittelbare Erkenntniss geben, wodurch wir uns der höchsten Gründe, als Principien, und des Einen unbedingten Grundes, als des Einen Principes, bewusst werden. Aber zu dieser höchsten Erkenntniss kann der Geist gelangen, indem er sich aus der Erfahrung der sinnlichen Gegenstände allgemeine Begriffe bildet (abstrahirt), bis er zu den obersten allgemeinen Begriffen gelangt, und zu den obersten Anfängen ($\dot{\alpha}\varrho\chi\alpha\iota$) oder Principien, welche alle in dem Einen Unbedingten, Wesenhaft-Seienden, als dem unbedingten Grunde und der ersten Ursache, zusammenkommen. Die ersten Anfänge oder Principien, und zuerst das Wesenhaft-Seiende selbst, können und brauchen nicht bewiesen zu werden; nicht jedes Wissen ($\dot{\epsilon}\pi\iota\sigma\tau\dot{\eta}\mu\eta$) ist beweisbar ($\dot{\alpha}\pi o\delta\epsilon\iota\kappa\tau\iota\kappa\dot{\eta}$), sondern das Wissen der unmittelbaren Dinge ($\tau\tilde{\omega}\nu\ \dot{\alpha}\mu\dot{\epsilon}\sigma\omega\nu$) ist unbeweisbar ($\dot{\alpha}\nu\alpha\pi\dot{o}\delta\epsilon\iota\kappa\tau o\varsigma$), sie verschaffen sich selbst Glauben ($\pi\dot{\iota}\sigma\tau\iota\nu$), da sie unvermittelt ($\ddot{\alpha}\mu\epsilon\sigma\alpha$) sind. Das Ganze der grundgewissen, reinen Vernunfterkenntniss betrachtet Aristoteles als die innere Erfahrung des Allgemeinen und Nothwendigen. — Erst, wenn der Geist durch diese Hinaufleitung ($\dot{\epsilon}\pi\alpha\gamma\omega\gamma\dot{\eta}$), auf analytischem Wege, dahin gelangt ist, dass er das Wesenhaft-Seiende, als die Eine und erste Ursache, schauet ($\vartheta\epsilon\omega\varrho\tilde{\eta}\sigma\alpha\iota$), beginnt alle wissenschaftliche Erkenntniss ($\dot{\epsilon}\pi\iota\sigma\tau\dot{\eta}\mu\eta$) und alles Wissen ($\epsilon\dot{\iota}\delta\dot{\epsilon}\nu\alpha\iota$) jedes besonderen Gegenstandes, und ohne Wissen des Ganzen und Allgemeinen ($\tau\tilde{\omega}\nu\ \kappa\alpha\vartheta\dot{o}\lambda ov$) ist es unmöglich, der Wissenschaft theilhaftig zu werden. Es kommt dann zu der Erkenntniss alles Besonderen die eigentliche Form der Wissenschaft hinzu: das Beweisen aus Principien in Form des Schliessens. Daher musste ihm die Logik überaus wichtig erscheinen, da sie nach des Aristoteles Erklärung das formliche Werkzeug, das formale Organon, der Wissenschaft ist für die Bearbeitung der Begriffe und für die Entwickelung der Wissenschaft in einer Verkettung von Schlüssen. — Aristoteles gelangt also von der Beschauung des Reichthumes der ganzen wirklichen Welt, sofern sie ein Gegenstand unserer Erfahrung ist, aufwärts durch die Begriffe hindurch bis zu der Anerkenntniss des unbedingten Wesens, auch als des Anfanges und Inhaltes der Wissenschaft, und unternimmt es dann, abwärts gehend, die Wissenschaft als Einen Gliedbau, in der Form des Beweises, auszubilden. Insofern nun Aristoteles jene Hinaufleitung, und das auf ihrem Wege Gefundene, noch nicht für Wissenschaft in vollendeter Form erklärt, so kann er diese hinaufleitende Betrachtung als eine Vorarbeit und Vorschule, als eine Propädeutik zur Wissenschaft, angesehen haben; nur aber nicht als Etwas, das nicht selbst zur Wissenschaft wesentlich gehörte, weil er der Erfahrung-Erkenntniss Wahrheit und Gewissheit zuerkennt, unabhangig davon, ob ihre Gegenstände bereits nach Principien betrachtet und aus Principien in ihrem Grunde, und in ihrer Nothwendigkeit, bewiesen, also auch der wissenschaftlichen Form nach vollendet erkannt seien. Zwar scheint sich Aristoteles insofern von dem sokratischen und platonischen Geist entfernt zu haben, als er seine Hinaufleitung nicht mit der Selbsterkenntniss des Ich beginnt, noch anch auf selbige beschränkt; und eine der aristotelischen ähnliche Hinaufleitung konnte Platon gar nicht unternehmen, weil ihm das seiner Lehre von den Ideen wegen gefasste Vorurtheil wider die sinnliche Erkenntniss daran hinderte: aber gleichwohl ist es wesentlich, dass der zu der Wesenschauung hinaufleitende Theil der Wissenschaft nicht nur die rein wahrnehmende Selbsterkenntniss des Ich, sondern das ganze Gebiet des Sinnlich-Wahrnehmbaren befassen, sowie Aristoteles überzeugt war, und insofern enthält die aristotelische analytische Hinaufleitung ($\dot{\epsilon}\pi\alpha\gamma\omega\gamma\acute{\eta}$) mehr, als die sokratisch-platonische, und ist allbefassend (universal). Dagegen scheint Aristoteles, dem eigentlich subjectiven Theil der Hinaufleitung, der Ausbildung der eigentlichen Selbsterkenntniss, nicht besonderen Fleiss gewidmet zu haben. — Nach ihm besteht das Ganze der menschlichen Wissenschaft aus zwei Haupttheilen, aus dem hinaufleitenden, analytischen, und aus dem herableitenden, nach innen ausbildenden, synthetischen Theile.

In Ansehung des Begriffes der Philosophie stellt Aristoteles folgende Hauptmomente auf. Die Philosophie ist die Wissenschaft des Wesenhaft-Seienden, dass es ist, und wie es ist ($\dot{\epsilon}\pi\iota\sigma\tau\acute{\eta}\mu\eta$ $\tau o\tilde{v}$ $\ddot{o}v\tau\omega\varsigma$ $\ddot{o}v\tau o\varsigma$, $\delta\iota\acute{o}\tau\iota$ $\dot{\epsilon}\sigma\tau\grave{\iota}$ $\varkappa\alpha\grave{\iota}$ $\dot{\omega}\varsigma$ $\dot{\epsilon}\sigma\tau\acute{\iota}$), oder: ἐστὶν ἡ τοῦ φιλοσόφου ἐπιστήμη τοῦ ὄντος, ᾗ ὄν. Und φιλοσοφία ἐστὶ γνῶσις (Schauung) τᾶν ὄντων, ᾗ ὄντα. Das Denken des Einfachen und Untrennbaren ist eigentlich Wissenschaft (ἐπιστήμη ἐστίν und: ἐπιστήμη, ἣ θηωρεῖ τὸ ὄν διότι ἐστί); aber das Denken des sinnlich Zusammengesetzten ist nur Meinung (δόξα). Wissenschaft ist Erkenntniss des Allgemeinen und Nothwendigen (τοῦ καθόλου καὶ δι' ἀναγκαίων); aber die Nothwendigkeit erkennen wir nicht eher, als bis wir das erkennen, wodurch (διότι) Etwas ist, d. i. bis wir die erste Ursache (τὴν πρώτην αἰτίαν) erfassen oder erkennen, wie das Wesenhaft-Seiende alle Dinge der Möglichkeit des Daseins und der Erkennbarkeit nach in sich enthält. Die Philosophie umfasst aber auch die Erkenntniss aller gedenklichen Gegenstände als Principien, nach den ersten Ursachen und Grundlagen, gemäss der Erfahrung, und auf der unteren Grundlage der sinnlichen Erfahrung; sie enthält also auch alle diejenigen besonderen Wissenschaften in sich, die auf Gegebenheiten der Erfahrung beruhen, sobald nur ihr Gegenstand allgemein, nach Principien, betrachtet wird. Also konnte Aristoteles einzig und allein das rein Geschichtliche, als solches, sofern dasselbe als bestimmte, individuelle Begebenheit erkannt wird, von der Philosophie ausschliessen. Die Philosophie wird um ihrer selbst willen gesucht, lediglich um der Wahrheit willen, d. i. um der Erkenntniss willen, die mit der Wesenheit und der Daseinheit der Dinge selbst übereinstimmt; zumeist aber als Wissenschaft der Grundbegriffe und der Principien, als Erkenntniss des Seienden, sofern es wahrhaft ist.

Alle Menschen haben Trieb zum Wissen, nicht nur, um danach zu handeln, sondern und vor Allem um der blossen Einsicht willen (καὶ μηδὲν μέλλοντας πράττειν τὸ ὁρᾶν αἱρούμεθα ἀντὶ παντῶν). Und als die Menschen zu philosophiren anfingen, thaten sie es, um durch Wissen die Unwissenheit aufzuheben, nicht um irgend eines Gebrauches willen (οὐ χρήσεώς τινος ἕνεκεν).

Die Begriffbestimmung, welche Aristoteles von der Philosophie aufstellt, ist die umfassendste von allen früheren Bestimmungen der griechischen Philosophen und stimmt mit derjenigen überein, welche auch von mir erklärt worden ist*). Da also die Philosophie, nach Aristoteles, auch die reinvernünftige, rationale Betrachtung der ganzen Welt der Erfahrung, nach Principien, und in wissenschaftlicher Form, befasst, so konnte er sich auch der wissenschaftlichen Aufgabe bewusst werden, die ganze Geschichte des Menschen und der Völker nach allgemeinen, ewigen Begriffen und

---

*) Vgl. Grundwahrheiten, S. 237 f; 2. Aufl., S. 273 f.

nach den höchsten Principien zu betrachten und zu beurtheilen, d. i. er konnte die Idee der Philosophie der Geschichte fassen; und vielleicht war er der erste griechische Philosoph, welcher Geschichte, mit Anerkennung des Werthes des Eigenleblichen oder zeitlich Individuellen, in der Absicht erforschte und sammelte, um in selbiger die wesenhafte Erscheinung der Ideen aufzusuchen, und um sie nach Ideen zu würdigen. In diesem Geiste sammelte Aristoteles besonders für die Geschichte der griechischen Stämme, und vornehmlich der griechischen Staaten und Gesetzgebungen.

Bei der Eintheilung der Philosophie scheint Aristoteles die Unterscheidung des Theoretischen und des Praktischen, der reinen Erkenntniss und der Erkenntniss dessen, was zu thun ist, zum Grunde gelegt zu haben. Denn nach ihm besteht die Philosophie aus der reinen Wissenschaft und aus der Wissenschaft, deren Gegenstand der letzte Zweck alles freien Handelns ist. Die reine Wissenschaft oder die theoretische Philosophie besteht weiter in drei Theilen. Denn sie befasst zu oberst „die erste Philosophie" oder die Grundwissenschaft, späterhin Metaphysik genannt, welche die Lehre von Gott, als dem Wesentlich-Seienden (die rationale Theologie), die Lehre vom Seienden überhaupt (die Ontologie), dann die allgemeine Lehre von der Welt enthalten sollte. Weiter sollte die erste Philosophie die reine Wissenschaft von den Formen der Dinge in Zahl, Zeit, Raum und Bewegung, d. i. die reine Mathesis, befassen, welche Aristoteles wegen der ewigen, unendlichen und nothwendigen Wesenheit ihrer Erkenntniss zu der Philosophie rechnen musste, da die dabei angewandten Scheme und Figuren nur die Erläuterung, nicht die Beweisführung angehn. Drittens sollte die erste Philosophie auch die Naturlehre, die Physik, umfassen, d. i. die Lehre von den endlichen Wesen der Welt und von ihrer Gesammtheit, der Natur. Die praktische Philosophie ist die Wissenschaft von dem letzten Zweck alles freien Handelns: zum Seelengenügen ($εὐδαιμονία$) oder zur Glückseligkeit zu gelangen. Hiebei ist des Aristoteles Grundannahme von der Seele entscheidend. Die Seele, als der Grund des besondern Lebens, ist die sich den organischen Leib selbst bildende ewige Zweckwesenheit oder Entelechie: und sie ist in gewisser Hinsicht selbst alles das, was sie erkennt und fühlt, weil sie davon wenigstens die Form in sich hat. Gott aber ist der ewige, thätige Verstand, die erste Ursach aller Bewegung der Welt und das Urformgebende aller Wesen; Gott ist auch, als das in sich selbst urselige Wesen, der Urquell der Seligkeit aller endlichen Wesen, — aller Seelen. Die praktische Philosophie enthält als obersten Theil die Ethik, die Lehre von dem vollkommenen Gute, d. i. dem vollkommenen Seelengenügen, der gottähnlichen Seelenruhe, als dem ganzen Wohlgefühle, welches aus vollkommener, tugendgemässer Thätigkeit der Vernunft entspringt und das höchste Vergnügen ist und mit dem Gefühle des Sinnlich-Angenehmen, welches der Zweck des Eigennutzes ist, nicht verwechselt werden darf. Der Inhalt des höchsten Gutes ist für den Menschen die Ausübung der Tugend innerhalb der Schranken eines wohlgeordneten Staates: es ist das vollendete Gute hinreichend zu dem Seelengenügen (τέλειον ἀγαϑὸν αὔταρκες πρὸς εὐδαιμονίαν). Die Tugend aber ist die vollkommene Vernunftthätigkeit selbst. Die Tugend ist die durch Fleiss zu erwerbende Fertigkeit in der Beobachtung des Mittelmasses (μεσότης) im Thun und im Leiden und Empfinden (περὶ πάϑη καὶ πράξεις), wie sich dies wohlverhaltige Mittelmass aus der Vernunft für die Verhältnisse eines Jeden ergiebt; wie es ein jeder Vernünftig-Besonnene (φρόνιμος) bestimmen würde, so dass weder Uebermass (ὑπερβολή), noch Mangel (ἔλλειψις) stattfinde. — Ebenso setzte er auch die Schönheit in die Grösse und Ordnung des Wohlzusammenpassenden (ἐστὶ τὸ καλὸν ἐν μεγέϑει καὶ τάξει εὐσύνοπτον) und erweist sich in vier Haupttugenden, in Weisheit, Standhaftigkeit, Mässigung und Gerechtigkeit. Der zweite Theil der praktischen Philosophie ist die Politik, als die Wissenschaft, wie der höchste Zweck der Vernunft in Gesellschaft, zunächst durch Herstellung aller äusseren Bedingnisse des Lebens, gefördert werden kann. Hier sollte seine Grundlehre vom Recht und vom Staate vorgetragen werden, nach Anleitung von S. 199 f. meines Abrisses des Naturrechts 1828. Die Oekonomik aber, als der dritte Theil der praktischen Philosophie, lehrt, wie zur Erreichung dieses höchsten Zweckes durch die häusliche Gesellschaft mitgewirkt werden soll.

Würdigen wir endlich die Wissenschaftbildung des Aristoteles nach der Idee der Wissenschaft, so verdient zuerst seine bestimmtere Unterscheidung und richtigere Beurtheilung des hinaufleitenden oder analytischen und des herableitenden oder synthetischen Haupttheiles der menschlichen Wissenschaft erwähnt zu werden, welche ihm durch die richtige Einsicht in die Wesenheit der sinnlichen und geschichtlichen Erkenntniss und in das Verhältniss des im Leben Wirklichen zu den Ideen möglich wurde; auch lieferte er in seinen logischen und dialektischen Schriften einen wesentlichen Beitrag zu dem analytischen Theile der Wissenschaft, obgleich die grundwissenschaftliche oder metaphysische, im Princip selbst entfaltete, synthetische Logik bei ihm nicht gefunden wird, und noch wesentliche Lücken in seiner formalen Logik sich finden, z. B. es fehlt die vierte Schlussfigur; — auch fehlt überhaupt die in der formalen Logik so nothwendige combinatorische Methode; auch die Gleichförmigkeit, z. B. die Lehre von den Sophismen ist viel zu weitläufig und doch nicht vollständig ausgeführt. Kant's Vorurtheil, dass die Logik seit Aristoteles keinen Fortschritt gemacht habe, — der doch selbst die formale Logik wesentlich vermehrt hat, z. B. durch die Unterscheidung der synthetischen und der analytischen Urtheile. Eine gliedbauliche Entwickelung aber des ganzen analytischen Haupttheiles der menschlichen Wissenschaft, welche, von der Grundschauung des Ich aus, in Einer stetigen, gesetzmässig nach der Idee fortschreitenden Wahrnehmung das ganze Gebiet der von Aristoteles als Grundlage und Inhalt der analytischen Hinaufleitung anerkannten Erfahrung *) wahrnehmend erschöpfte und als stetig weiterzubildende Selbeigenschauung oder Intuition dann in den zweiten, synthetischen Haupttheil aufgenommen würde, hat Aristoteles nicht unternommen. Zu einer unbedingt-gliedbaulichen, absolut-organischen, synthetischen Wissenschaft, welche in der Unterscheidung von dem analytischen Haupttheile und nach der Folge der Entwicklung im endlichen Geiste als zweiter Haupttheil der menschlichen Wissenschaftbildung erscheint, war Aristoteles nicht hindurchgedrungen, wie schon seine Aufstellung der Kategorien zeigt, obwohl seine Schriften auch für den synthetischen Theil der Wissenschaftbildung tiefsinnige Gedanken und wissenschaftliche Ahnungen enthalten, auch wohl viele seiner metaphysischen Speculationen verloren gegangen sind.

II. Periode
der dritten Hauptperiode der hellenischen Philosophie. Ausbildung des Wissenschaftsystemes nach zwei entgegengesetzten einseitigen Richtungen und nach der aus selbigen vereinten Richtung.

Uebergang. Da in dem platonischen und in dem aristotelischen Systeme die Erkenntniss des Einen unendlichen

---

*) Es scheint, dass Aristoteles sich unter: Erfahrung dasselbe gedacht, was ich: Selbeigenschaun oder Intuition nenne. Dann ist es streng wahr: dass die Erfahrung oder Selbeigenschauung den Inhalt oder Stoff der ganzen und aller Erkenntniss dem Geiste darbiete; denn auch Wesen wird in der unbedingten Selbeigenschauung, in der Wesenschauung (siehe Grundwahrheiten, S. 155 ff.; 2. Aufl., S. 179 f.) von dem endlichen Geiste gefasst und erkannt. Man sehe über die Selbeigenschauung Grundwahrheiten, S. 231 f.; 2. Aufl. S. 267 f., und die Vorlesungen über das System der Philosophie 1828, S. 380 ff., 426, 451, 470; 2. Aufl. I, S. 403 ff., II, S. 100, 133, 156. Cf. Leibnitii principiorum propos. XVIII: (ὅτι ἔχουσι τὸ ἐντελές, und deshalb αὐτάρκειαν).

und unbedingten Wesens als die Grunderkenntniss und die Idee der Wissenschaft als des Organismus des in und durch die Grunderkenntniss gebildeten Wissens anerkannt worden waren, so hatte die hellenische Wissenschaftbildung in diesen beiden Systemen den Gipfelpunkt ihrer Entwickelung erreicht. Für die weitere Arbeit am Bau der Wissenschaft in der dritten Hauptperiode der hellenischen Wissenschaftbildung stellte sich nun dem hellenischen Geiste die Aufgabe, die in den genannten beiden Systemen noch bestehenden Grundvorurtheile in wissenschaftliche Einsicht aufzulösen, und die Wissenschaft selbst als Einen Gliedbau in und durch die gegewonnene Grunderkenntniss zu entfalten.

Zwei sich entgegenstehende Vorurtheile sind es hauptsächlich, von welchen die Wissenschaftbildung zu befreien war:

1) Zuerst das wenigstens in den platonischen Gesprächen enthaltene Vorurtheil, dass dem Wesenhaft-Seienden die Materie, als das Unwesenhaft-Seiende, von Ewigkeit her als ein Aeusseres, gleichsam als Stoff und Aufgabe seines Wirkens und Bildens, entgegenstehe und alle Bildung von Gott nach Ideen empfange. Platon nahm hierin noch an der Beschränktheit der Eleaten und des Anaxagoras Theil, welche die Sinnenwelt und die Erkenntniss derselben verachteten, oder sie doch ausser Gott erblickten, und veranlasste dadurch die spätere Rückkehr seiner eignen Schule zu der haltunglosen Zweifellehre, — dem Skeptizismus. Es ist aber diese Annahme ein irriges Vorurtheil, weil der reine, ganze und vollwesentliche Gedanke: Wesen, Gott ($ὄντως\ ὄν$), zeigt, dass ausser Gott Nichts, auch nicht die unvollendete Wesenheit und Daseinheit des Endlichen, ja nicht einmal das Nichts, dasein und gedacht werden kann.

2) Das zweite dieser Grundvorurtheile ist das aristotelische: dass die sinnliche Erfahrung-Erkenntniss den Stoff zu aller Erkenntniss darbiete, und dass der menschliche Geist das Bewusstsein auch des Wesenhaft-Seienden, sowie aller Grundbegriffe, nur vermittelt durch die sinnliche Wahrnehmung erlange. Auch dies ist ein irriges Vorurtheil; denn, da die Wesenschauung, in welcher Wesen als das Eine, unbedingte, unendliche Wesen geschaut wird, selbst als Schauung, wie ihr Gehalt an sich, unbedingt und unendlich ist, so kann die sinnliche Anschauung der Erfahrung-Erkenntniss, welche ihren Inhalt in der Tiefe des Geistes erst an und in der Wesenschauung, und durch selbige, erhält, nur ein mittelbarer Anlass zur Wiedererinnerung an die Wesenschauung werden, da ihr selbst gerade die Grundwesenheit fehlt, welche die Wesenschauung, als solche, hat, — die unbedingte, unendliche Einheit der Wesenheit. — Ausser diesen Vorurtheilen der Schule war das platonische, sowie das aris-

totelische System noch mit dem Volkvorurtheile des Hellenenthumes behaftet, welches sich dem sogenannten Barbarenthume (dem Barbarismus) aller nicht hellenischen Völker schneidend und trennend entgegensetzte. In diesem Volkvorurtheile wiederholte sich das Kastenvorurtheil der Inder, indem die Hellenen alle andere Völker wie niedere Kasten betrachteten. Diese Selbstüberhebung des hellenischen Volkes und seiner Bildung war von dem Grundvorurtheile des Heidenthumes unzertrennlich. Und doch findet sich in dem damaligen Leben und Charakter der Hellenen selbst noch so vieles Menschheitwidrige, vornehmlich α, dass sie in Vielgötterei und abergläubische Gebräuche und Einrichtungen versunken waren; β, dass sie die Frauen nicht als den Männern gleichwesentliche, gleichbefugte und gleichbefähigte Menschen anerkannten; γ, dass sie die Rechte der Kinder als selbständiger Personen nicht kannten und nicht achteten; δ, dass sie Sklaverei hegten und beschönigten. Von diesem Volkvorurtheile konnten auch Platon und Aristoteles sich nicht befreien, sondern sie unterlagen in der Bestimmung und Beurtheilung grundwesentlicher menschlicher gesellschaftlicher Verhältnisse und Einrichtungen dem nachtheiligen Einflusse dieser beschränkten Denkweise ihres Volkes. Dies hinderte sie, zu der reinen und ganzen Idee der Menschheit und ihres Lebens und Bundes hindurchzudringen, und veranlasste sie, das rein Urbildliche mit dem Geschichtbildlichen des hellenischen Lebens zu verwechseln, ein Vorurtheil, worein jetzt viele Philosophen hinsichtlich des jetzigen, überlieferten Zustandes von Europa verfallen. Diese Grundvorurtheile würden sämmtlich aufgelöst worden sein, wenn die hellenischen Denker an die gesetzmässige Lösung der Aufgabe gegangen wären: die Wissenschaft in der Grunderkenntniss als Einen Gliedbau, nach der von Platon und Aristoteles gelehrten Idee, zu gestalten.

Diese beiden Aufgaben wurden aber in der zweiten und dritten Periode der dritten Hauptperiode der hellenischen Wissenschaftbildung nicht befriedigend gelöst; weder wurden jene Vorurtheile beseitigt, noch die Wissenschaft selbst gegesetzmässig, gleichförmig in die innere Tiefe entfaltet. Die Hauptgründe hiervon waren:

1) Die noch nicht völlige Reinheit und Ganzheit der Grunderkenntniss Gottes als Principes und der Mangel der gliedbauigen, vollständigen Einsicht in die Grundwesenheiten (die Kategorien). Dazu kam die Unbestimmtheit im Denken und Lehren in Ansehung des Verhältnisses der wahren Gotterkenntniss zu der hellenischen Volkvielgötterei (Volkvielgötzerei). Daher sehen wir auch schon die nächsten Schüler Platon's und des Aristoteles von der Reinheit und Ganzheit der

Gotterkenntniss abweichen und entweder in ein Anbequemen an den Volksaberglauben, oder in eine Leugnung der Selbwesenheit Gottes über der Natur und gegen die Natur verfallen, wie z. B. Straton.

2) Der Mangel der Ausbildung des den Geist zu Erkenntniss und Anerkenntniss Gottes hinaufleitenden (subjectiv-analytischen) Haupttheiles der Wissenschaft, ohne welche der endliche Geist den Gottgedanken nicht fassen, der Gottgedanke sich nicht des ganzen endlichen Geistes bemächtigen kann.

Statt dass die platonische und die aristotelische Denkweise und Wissenschaftbildung harmonisch vereint worden wären, zerfielen vielmehr beide in der zweiten Periode der dritten Hauptperiode in einseitige, entgegengesetzte Denkweisen und Wissenschaftsysteme; in der dritten Periode aber erwachte, hierdurch veranlasst, das Streben, die alten hellenischen Systeme zu erneuern, sie unter sich und zugleich mit der orientalischen Philosophie zu vereinen, und so ein vollständiges, harmonisches System der Philosophie zustande zu bringen, ohne dass jedoch auch durch dieses Streben den vorhin genannten beiden Aufgaben Genüge geleistet worden wäre.

In der zweiten Periode der dritten Hauptperiode der hellenischen Philosophie nun, welche wir jetzt zu schildern haben, bildeten sich zwei Hauptsysteme in entschiedenem, einseitigem Gegensatze und Widerstreite aus: das System der Stoiker, welche sich bestrebten, ein gegen den Zweifel gesichertes System der Erkenntniss gewisser Wahrheit zu vollenden, und die Reinheit und Strenge der Sittlichkeit gegen die durch die Hinsicht auf Lust und Schmerz verunreinten Tugendlehren ihrer Zeitgenossen festzustellen; dann das System des Epikuros, als die Philosophie des heitern, ruhigen Wohlbefindens, der Seelenruhe durch Mässigkeit. Und im Gegensatze mit diesen beiden Denkarten entstand die der neuen Akademie, als die Philosophie des vernünftigen, besonnenen Zweifels, welche zugleich, den Gegensatz des Stoizismus und des Epikureimus zu vermitteln, und die Wahrheit beider in sich aufzunehmen, suchte. Da eine jede dieser philosophischen Denkweisen mehre Hauptpunkte der Wissenschaft, welche von den Vorgängern nicht beachtet worden waren, ans Licht gebracht haben, so darf eine kurze Schilderung ihrer Hauptlehren hier nicht fehlen.

Dieser Ausgang in Zweifel musste eine neue Arbeit des philosophischen Geistes hervorrufen.

Diese II. Periode besteht also aus drei Bildkreisen (Formationen), deren erster die Lehre und das System der stoischen Philosophen ist.

I. Bildkreis: Der Stoicismus.

Die stoische Philosophie wurde von Zenon gestiftet, der seine Schule zu Athen im 300. Jahre vor Christus eröffnete. Seine Nachfolger, vorzüglich Kleanthes und Chrysippos, blieben ihm in den Grundlehren treu. Die wissenschaftlichen Untersuchungen der Stoiker sind, im sokratischen Geiste, überwiegend auf das Leben, auf das Praktische, auf reine Sittlichkeit und Tugend gerichtet und zwecken alle darauf ab, eine reine, vernunftgemässe Sittenlehre zustande zu bringen, die vor den Zweifeln der skeptischen Denkart gesichert wäre. Ebendeshalb achteten sie, wie Sokrates, die Logik und Dialektik hoch und, wie Platon und Aristoteles, die Grundwissenschaft oder Metaphysik und brachten auch die Kategorienlehre in mehren Hinsichten weiter, als Aristoteles. Ihre Lehre beruht auf der Grundannahme, dass Gott das Eine, unendliche, ewige, selige Wesen, der innere und inwohnende (immanente) Grund aller Form und Gesetzmässigkeit der Welt ist und als Vorsehung ($\pi\varrho\acute{o}\nu o\iota a$) mit der Welt in eigenleblicher Verbindung steht. Daher ist auch Vernünftigkeit, Gesetzmässigkeit und Ordnung die einzige Bedingung, dass der Mensch so lebet, wie er soll. Denn Tugend ist, nach Zenon, das Leben nach dem Gesetze der Vernunft, die mit sich selbst einstimmt ($\grave{o}\varrho\vartheta\grave{o}\varsigma$ $\lambda\acute{o}\gamma o\varsigma$), oder, nach Kleanthes, auch das mit der Natur übereinstimmige Leben ($\grave{o}\mu o\lambda o\gamma o\upsilon\mu\acute{e}\nu\omega\varsigma$ $\tau\tilde{\eta}$ $\varphi\acute{v}\sigma\varepsilon\iota$ $\zeta\tilde{\eta}\nu$); darin allein besteht die Freiheit. — Aber unter: Natur verstehen die Stoiker die Wesenheit nicht nur der endlichen Wesen, sondern auch Gottes, als des unendlichen Wesens. — „Also ist das oberste Sittengesetz: einstimmig mit der Vernunft, oder mit der Natur, zu leben. — Die Seele ist zwar ein Theil des Weltgeistes, aber, als endliches Wesen, sterblich; dennoch ist sie bestimmt und fähig, tugendhaft zu sein. Nur die Tugend ist das einzige Gut, welches unbedingten Werth, d. i. Würde ($\grave{a}\xi\acute{\iota}a\nu$), hat, und zugleich auch das wahre Wohlbefinden gewährt ($\varepsilon\check{v}\varrho o\iota a\nu$ $\beta\acute{\iota}o\upsilon$), welches durch keine Zeitdauer vermehrt werden kann; und durch Tugend vermag der Mensch in jedem Momente, ohne Zeit, auf ewige Weise, gut und selig zu sein. Laster ist die sich selbst widersprechende Handlungweise, welche aus Unkenntniss und Geringschätzung der Vernunft erfolgt. Der Tugendhafte soll frei von Leidenschaften und Begierden, in Unleidenheit ($\grave{a}\pi a\vartheta\varepsilon\acute{\iota}a$) sein. Es ist Eine Tugend, welche sich aber in vier, nach Anderen in sieben, besonderen Tugenden erweiset. Der sittliche Charakter jedes Menschen ist entschieden, denn Jeder ist entweder gut ($\sigma\pi o\upsilon\delta a\tilde{\iota}o\varsigma$), oder schlecht ($\varphi a\tilde{\upsilon}\lambda o\varsigma$)." Nach der Lehre der Stoiker ist Philosophie die in der Erkenntniss Gottes mit Hinzunahme der Erfahrung-Erkenntniss gebildete Wissenschaft von der Vollkommenheit des Menschen im Erkennen und Denken, im Empfinden, Wollen und Handeln. Die Philosophie ist hauptsächlich bestimmt, Weisheit und Tugend zu lehren, und dem Menschen zur Selbstvervollkommnung Anleitung zu geben. Die Haupttheile der Philosophie sind: Erkenntnisslehre, Naturlehre, d. i. die Lehre von Gott und der Welt, und Sittenlehre, — Logik, Physik oder Physiologie und Ethik. Zenon vergleicht die Philosophie mit einem beseelten organischen Leibe; die Logik mit dem Skelet, die Physik mit Fleisch und Blut, die Ethik aber mit der Seele. Oder, wenn die Philosophie ein fruchtbarer Garten, so sei Logik der Zaun, Physik das Land mit Fruchtbäumen, Ethik die Frucht. — Aus dieser kurzen Darstellung ergiebt sich: dass die Stoiker zwar alle Gegenstände der Forschung, Gott und Welt und den Menschen, umfassten, allein doch vorwaltend nur in Beziehung auf Sittlichkeit und Tugend; dass sie also gleichsam nur eine perspectivische Darstellung alles Wahren von dem Augenpunkte der Ethik aus beabsichtigten und aufstellten, vornehmlich: dass sie in der Lehre von Gott weit unter Platon standen und sich dem Volkaberglauben anschmiegten; daher sie auch dem Volke und den Volkvorstehern eben recht waren.

Zur Würdigung des stoischen Systems.

Es umfasst alle Gegenstände des Wissens, Gott und die Welt, aus allen Erkennquellen (denn sie achteten auch die Erfahrungerkenntniss), aber nur gleichsam perspectivisch (fernscheinlich) für den Augenpunkt der Ethik. Es stammt aus einem edlen Selbstbewusstsein der Würde der Vernunft im Menschen und führt zu Reinigung des Herzens und zu Standhaftigkeit des Guten.

Da aber nicht die Vollkommenheit des Menschen der ganze Zweck des Lebens ist, sondern vielmehr Gott selbst, d. i. Gottes innere Selbstdarlebung, so kann dieser stoische Zweck der Wissenschaft nicht der höchste Zwek der Wissenschaft sein, der allein Gott selbst ist. — Ueberhaupt aber hat zwar die Wissenschaft auch einen Zweck (der ist: Vollendung des Lebens), aber dieser Zweck darf nicht die Wissenschaftforschung bestimmen, da die Wissenschaft Selbstzweck ist und Würde (unendlichen Selbstwerth) hat.

Da in dem stoischen Lehrbegriffe die Wesenschauung verdunkelt ist, so konnte auch eine in sich befriedigte Tugendlehre von ihm nicht gebildet werden; und da ihrem, wenn schon für das von ihnen erkannte Gute angestrengtesten, Tugendleben die Haltung an Gott fehlte, so musste ihre Gesinnung auch in Lebenverachtung und Selbsttödtung ausarten, weil ohne Gottinnesein und Gottinnigkeit auch dieses Leben nichts wahrhaft und ganz Achtbares hat, was den nach dem Göttlichguten strebenden Menschen fesseln könnte. Auch die Achtung der Stoiker für Erkenntnisslehre und Wissenschaftlehre musste schwankend sein, weil selbiger die Grunderkenntniss und die Gottinnigkeit der Wahrheitforschung fehlte.

II. Bildkreis: Der Epikureismus.

Eine der stoischen entgegengesetzte Denkart bildete Zenon's Zeitgenoss, Epikuros*), aus, welche seine Schule im Jahre 305 vor Christus zu Athen eröffnete.

Epikuros, geboren zu Gargettos bei Athen 337 vor Christus, wurde 72 Jahre alt. Er hörte in früher Jugend den Akademiker Xenokrates. Im 30.ten Lebenjahr eröffnete er selbst zu Athen eine Schule in einem schönen Garten, wo er, mit seinen Schülern in inniger Freundschaft verbunden, überaus mässig lebte. Wegen dieser Zurückgezogenheit wurde er erst nach seinem Tode berühmt. Auch hatte er keine ausgezeichneten Nachfolger. — Die Aufschrift des Garteneinganges war: „Hospes, hic bene manebis, hic summum bonum voluptas est." Der Sinn dieser Aufschrift ergiebt sich aber erst aus seiner Lehre. Man denkt sich den Epikuros ganz irrig als einen der sinnlichen Wollust ergebenen Menschen, er war aber überaus mässig und enthaltsam. Selbst sein Gegner Chrysippos nannte ihn $\mathit{ἄνθρωπον\ ἀναίσθητον}$. Er verfasste über 300 Schriften, welche durchaus originellen Inhaltes waren. Alle sind verloren gegangen bis auf einige in Herculanum wiederaufgefundene unerhebliche Bruchstücke. Wir kennen aber seine Lehre sehr genau durch des Lucretius Gedicht de rerum natura, welches aus des Epikuros Schriften ausgezogen ist und aus dem Xten Buche des Diogenes Laërtius.

Die Philosophie soll, nach ihm, den Menschen durch Erkenntniss der Wahrheit zur Glückseligkeit führen. Sie hat zwei Haupttheile:

1) Die Physik, deren Hauptzweck ist, durch Erkenntniss der Naturbegebenheiten und Naturgesetze von der Furcht vor weltregierenden Göttern und von der Erwartung jeder künftigen Belohnung, oder Bestrafung zu befreien.

2) Die Ethik, welche die Lebenvorschriften enthält, wie der Mensch in Ergebung in den unänderlichen Naturlauf ohne Furcht und Hoffnung glückselig sein könne, ohne über das Vergangene sich zu betrüben, noch über das Zu-

---

*) Kant's Urtheil über Epikur siehe Kritik der reinen Vernunft, II, 1810, S. 371, Note.

künftige besorgt zu sein. Die Einleitung in diese beiden Theile ist die Logik oder Kanonik, welche, die Dinge zu beurtheilen, und Wahrheit von Irrthum zu scheiden, lehrt.

Seine Philosophie hatte zwar mit der stoischen die überwiegende Richtung auf Tugend und Leben, auf das Ethische und Praktische, gemeinsam; auch lehrte er, wie die Stoiker, dass die tugendliche Gesinnung von aller Hinsicht auf Lohn und Strafe nach dem Tode frei sei, wich aber von der stoischen Lehre in der Grundüberzeugung über die Wesenheit der Tugend selbst ab.

Die Stoiker, wenigstens Zenon und die ältesten Stoiker, strebten nach der Tugend, als dem vernunftgemässen Wollen und Handeln, um sein selbst willen, weil die Tugend unendlichen Selbstwerth hat, und nahmen auf das Wohlbefinden, auf die innere Seligkeit und auf die Glückseligkeit nur Rücksicht, sofern sie von selbst Begleiterinnen und Folgen der Tugend sind. Nach Epikuros dagegen ist Lust, Wohlbefinden, Vergnügen, oder vielmehr: Genügen, das höchste Gut, welches allein um sein selbst willen zu begehren ist; die Tugend aber hat nur Werth, weil sie die unzertrennliche Bedingung der Lust oder des Genügens ist. — In Ansehung der Naturlehre bildete Epikuros das atomistische System des Leukippos und des Demokritos weiter aus.

Die Atome sind untheilbar und unänderlich und haben keine Eigenschaften weiter, als Gestalt, Grösse und Schwere. Es sind deren unendlich viele, der Art nach aber endlich viele, aber für den Menschen unübersehbar viele. Sie bewegten sich fortwährend mit gleicher Geschwindigkeit in senkrechter Richtung, endlich aber wichen sie von dieser Einförmigkeit ab und bilden die Welt in ihren jetzigen, mannigfaltigen Gebilden. Die Welt selbst, als Ganzes, ist unveränderlich, unbegrenzt, nur endliche Theile derselben sind änderlich. „Alles Wesentliche ist körperlich; auch die Menschenseele besteht aus Atomen, sogar die Götter, sie sind aber selige, unvergängliche, zumtheil menschenähnliche Wesen oder Naturen, der Verehrung würdig, aber ohne allen Einfluss auf die Regierung der Welt, sie haben aber nur einen Scheinkörper, denn sonst müssten sie sterblich sein. Die seligen Götter sind frei von jeder Geschäftigkeit und Bewegung, auch von Leidenschaft, von Zorn und Gnade. Der Mensch ist den Göttern nur wegen ihrer Vollkommenheit und Vortrefflichkeit Verehrung schuldig. Die Gottlosigkeit besteht darin, von den Göttern wie das gemeine Volk zu denken. Und da für des Epikuros System, d. i. für diejenigen Betrachtungen, bis zu welchen er sich erhoben, alle Gottlehre rein überflüssig ist, so entsteht die kritische Frage, ob er nicht bloss sich anbequemend, oder auch wohl ironisch, von Göttern geredet. Alle Erkenntniss beruht auf der sinnlichen Wahrnehmung, welche als solche, sowie auch die Phantasie auf ihrem Gebiete, untrüglich ist. Die Bilder strömen von den Dingen aus in die Seele ein; die Seele nimmt sie aber mittelst vorausgesetzter Begriffe ($\pi\varrho o\lambda\acute{\eta}\psi\varepsilon\iota\varsigma$) in sich auf. Die Seele ist sterblich und wird im Tode ganz vernichtet. — Daher der Tod kein Uebel, denn er ist Nichts. — Dazu kommt aber der Verstand, der sowohl richtig, als falsch urtheilen kann, und zwar richtig, wenn das Urtheil mit der sinnlichen Wahrnehmung übereinstimmt.

„Die Unvollkommenheit der Welt zeigt, dass sie nicht das Werk einer verständigen Ursache sein kann, also auch nicht das Werk der seligen Götter, die sich unglücklich fühlen müssten, wenn sie sich mit dieser Welt, die ihrer unwürdig ist, befassten."

„Das Vergnügen*), oder vielmehr das Genügen, der selige, ruhige, schmerzlose Zustand ($\varepsilon\mathit{\dot{v}}\delta\alpha\iota\mu o\nu\acute{\iota}\alpha\ \varkappa\alpha\grave{\iota}\ \alpha\mathit{\dot{v}}\tau\acute{\alpha}\varrho\varkappa\varepsilon\iota\alpha$) und das selige Leben ($\mu\alpha\varkappa\alpha\varrho\acute{\iota}\omega\varsigma\ \zeta\tilde{\eta}\nu$) ist, nach Epikuros, das höchste Gut für den Menschen, sowie für alle lebende Wesen; dies lehrt schon die Erfahrung."

Es ist eine doppelte Seligkeit: die göttliche und die menschliche. Hierin stimmt Epikuros im Allgemeinen dem Aristippos und der ganzen kyrenaischen Schule bei, weicht aber von ihnen in vielen Hauptpunkten ab. Denn nach ihm ist das höchste Gut nicht irgend ein einzelnes Vergnügen, auch richtet es sich nicht nach dem Masse der Heftigkeit der Begierde und der Lustgefühle, sondern das höchste Gut besteht vielmehr in dem bleibenden Zustande des allgemeinen, ganzen Wohlbefindens, welches gleichsam der Gesammtorganismus aller einzelnen, besonderen Arten von Lustgefühlen ist, worin alle einzelnen Gefühle zu einer gleichschwebenden Harmonie gemässigt sind, so dass es zugleich und zumeist und zuhöchst der Genuss der vollständigen Schmerzlosigkeit, Ruhe, Selbstbefriedigung und Unerschütterlichkeit ($\dot{\alpha}\tau\alpha\varrho\alpha\xi\acute{\iota}\alpha$) und der ruhigen, gleichschwebenden, harmonischen Bewegung der Seele ist; dass also das höchste Gut in der Gesundheit der Seele besteht. Unter den Gefühlen findet eine Abstufung nach Art und Stärke statt; so sind z. B. die geistlichen Gefühle höherartig und stärker, als die leiblichen; schon darum, weil sie umfassender sind, Vergangenheit, Gegenwart und

---

*) Vergnügen oder Ganzgenügen, Genughaben, Genugsein. $\alpha\dot{v}\tau\acute{\alpha}\varrho\varkappa\varepsilon\iota\alpha$ $\varkappa\alpha\grave{\iota}\ \varepsilon\dot{v}\delta\alpha\iota\mu o\nu\acute{\iota}\alpha$.

Der hellenische Begriff der $\varepsilon\dot{v}\delta\alpha\iota\mu o\nu\acute{\iota}\alpha$ (mit $\dot{\varepsilon}\nu\delta\alpha\iota\mu o\nu\acute{\iota}\alpha$?) erscheint geläutert, erklärt und unbedingt gemacht in der christlichen, oder vielmehr: altindischen Idee der Gott-seligkeit, = Wesengefühlinnigkeit und Wesen-Leben-Gefühl-Vereinheit.

Zukunft begreifen; um daher dem höchsten Gute sich zu nähern, und es, soweit es dem Menschen in der Weltbeschränkung möglich ist, zu erlangen, ist es nothwendig, mittelst der Klugheit ($\varphi\varrho\acute{o}\nu\eta\sigma\iota\varsigma$), unter den Gefühlen zu wählen, und die Begierden durch Vernunft und Freiheit zu mässigen. Ohne Anständigkeit und Gerechtigkeit ist ein solches Leben nicht möglich. Und darin besteht die Tugend. Der Weise ergiebt sich mit Gleichmuth in den nothwendigen Naturlauf, er hoffet und fürchtet Nichts, erwartet und wünscht Nichts; er geniesst ruhig der Gegenwart, betrübt sich nicht über die Vergangenheit, noch ängstigt er sich im voraus über das Künftige; und so ist er so glückselig, als möglich. Zu der Befriedigung des Weisen gehört ausser der Tugend nur noch Schmerzlosigkeit und Furchtlosigkeit, und von den Gütern der Natur und der Gesellschaft nur, was der Nothdurft genügt und mithin leicht zu erwerben ist. Der wahre Weise meidet Zorn und heftige Liebe, heget aber die sanfteren Gefühle des Mitleides, der Freundschaft und der Familienliebe. Er lebt auch ohne ein Weib glücklich. Er begehrt nicht Reichthum, aber zieht auch nicht als Bettler umher, sondern verdient sich nöthigenfalls seinen Unterhalt durch Unterricht in der Philosophie. Er wird die öffentliche Meinung nicht verachten, auch die Künste nicht geringschätzen; er wird, wenn er es vermeiden kann, nicht nach Staatsämtern streben, sondern lieber ruhig, in philosophischer Beschaulichkeit, leben. Er wird sich nicht selbst das Leben nehmen, aber der Tod wird ihm keine Sorge machen. Dass es Epikuros mit dieser Lehre ernstlich nahm, beweist sein mässiges und nüchternes Leben und sein inniges, liebevolles Vereinleben mit seinen Schülern und Freunden.

Diese Denkart führt nicht sowohl zur Unsittlichkeit, sondern sie ist an sich selbst noch gar nicht sittlich oder moralisch, da sie ganz ohne die Idee der Sittlichkeit oder der Moralität ist und aus Mangel an moralischen Grundeinsichten entspringt. Aber von der andern Seite hat doch das System des Epikuros für die Theorie des Gefühlvermögens manches Wesentliche geleistet und sich manchen Uebertreibungen der Stoiker mit Fug entgegengesetzt, welche das Gefühlvermögen gar nicht als selbständig anerkannten und daher lehrten, die Begierden und Leidenschaften seien nicht zu mässigen, sondern auszurotten, daher sie auch forderten, der reinsittliche Mensch solle auf das Gefühl der Lust und des Schmerzes überhaupt gar keine Rücksicht nehmen.*) Ein so mässiges, besonnenes, liebevolles Leben, als

---

*) Anders freilich lehrte der Neustoiker Antoninus.

Epikuros in seinem Garten mit Freunden und Schülern, ohne eigentliche Gütergemeinschaft, führte, kann selbst schon den Menschen in diejenige Seelenverfassung und Gemüthstimmung versetzen, welche für die Entwickelung der Sittlichkeit, als ein äusseres und inneres Erforderniss, gedeihlich ist; und ein Leben, welches nach der Vorschrift des Epikuros geführt wird, bildet, als Schule der Mässigkeit und der Selbstbeherrschung, eine Vorschule der Sittlichkeit und bereitet der reinsittlichen Gesinnung in Geist und Gemüth die Stelle.

Ein eigentliche Gütergemeinschaft richtete er nicht ein, weil diese Misstrauen voraussetze, sich Misstrauende aber keine Freunde seien. (Diog. Laert. X. n. 6; vergl. Hegel Naturrecht S. 52.)

Das System des Epikuros enthält im Ganzen der hellenischen Philosophie nichts Neues, es ist die Vereinbildung der kyrenaischen Lehre des Aristippos und seiner Nachfolger vom Vergnügen, gemässigt und veredelt, verbunden mit der weiter ausgebildeten Atomistik des Demokritos und des Leukippos. Gegen den Polytheismus verhält sich diese Lehre verneinend und zerstörend, ohne jedoch zur wahren Gotterkenntniss die geringste Anleitung zu geben. Epikuros hat dabei diese doppeleinseitige Lehre so ziemlich zu Ende gebracht, so dass seine Lehre zwar sehr viele einzelne Anhänger finden, aber nicht Grund einer sich weiter entwickelnden Schule werden konnte.

III. Bildkreis: Die neuere Akademie.

Den beiden soeben geschilderten Denkweisen des Zenon und des Epikuros auf gleiche Art entgegengesetzt, bildete sich die eigentliche Schule des Platon in der Akademie aus. Der unbefugte, unwissenschaftliche Lehrsatzung-Geist oder Dogmatismus der stoischen und der epikureischen Schule erweckte zuerst in Arkesilaos, der ums Jahr 316 vor Christus geboren ward und in der Akademie auf Krates folgte, wiederum den sokratischen und platonischen Geist des besonnenen Zweifels, der Skepsis, welche von Sokrates und Platon als ein wesentliches, negatives Element aller Wissenschaftforschung anerkannt wurde. Gemäss diesem skeptischen Geiste darf ohne Einsicht der Gründe Nichts angenommen werden, sondern man soll sein Urtheil in Unbefangenheit ($\dot{\varepsilon}\pi o\chi\acute{\eta}$, assensionis retentio Cic., Akatalepsie) bis zur Einsicht in die Gründe zurückhalten. Aber schon Arkesilaos entfernte sich dadurch von Platon und Aristoteles, dass er behauptete, der menschliche Geist müsse sein Urtheil über die unbedingte Wesenheit und Daseinheit der Dinge überhaupt und gänzlich zurückhalten, weil es überhaupt an einem zureichenden Kennzeichen der Wahrheit in unserm Bewusstsein fehle.

Alle gedenkliche Sätze seien vielmehr sowohl jeder an sich selbst dialektisch, d. h. sich selbst widersprechend, als auch vernichten sie sich selbst wechselseits. Dieses behauptete er vorzüglich wider die von Zenon aufgestellten Kriterien der Wahrheit. Daher könne man nicht einmal wissen, ob man Etwas wissen, oder nicht wissen könne. Und hiermit kehrt das sophistische Princip wieder in den Platonismus ein, weil in Platon's Lehre die Anerkenntniss: Wesen nicht durch den analytischen Theil der menschlichen Wissenschaft gründlich vorbereitet und im endlichen Geiste sichergestellt ist; wobei dann wohl der Grundsatz der Akatalepsie in Anwendung auf noch nicht erforschte Gegenstände für den Geist stets noch ferner gilt, nicht aber die ganze, universale Akatalepsie mehr möglich ist. In praktischer Hinsicht dürfe man indess der Vernunft trauen und ihr folgen; denn das Gewissen entscheide, ohne den Begriff nöthig zu haben. Ueber seine Weise, seine Schüler zu belehren, sagt Cicero (de finibus II, 1): Arcesilaus morem Socraticum revocavit, instituitque, ut ii, qui se audire vellent, non de se quaererent, sed ipsi dicerent, quid sentirent, ille autem contra. Das Erstere ist ein Grundzug der wahren Lehrkunst, weil sonst der Lehrer des Lernenden individuellen Geistzustand nicht kennt; das Andere ist eine einseitige, bloss negative Massregel u. s. w. — Wegen dieser bestimmten skeptischen und polemischen Richtung nennt man den Arkesilaos den Stifter einer neuen, auch wohl der mittleren Akademie, d. i. der Fortsetzung der Schule des Platon von Arkesilaos bis Karneades. Die Nachfolger des Arkesilaos, Lakydes, Euandros, Telekles und Hegesinos, haben sich nicht durch eigne Lehren merkwürdig gemacht. Die mittlere Akademie bestritt sowohl die stoische, als die epikureische Lehre, vereinigte sich endlich in den Hauptlehren mit der ersteren und nahm sogar einige Lehren der letzteren in sich auf, sowie von der anderen Seite auch die Stoiker der letzten Periode, vornehmlich Panätios und Antiochos von Askalon, die Lehre der Akademie in den Stoicismus aufnahmen.

Lehrbaubemerk. Hierher gehört die Erklärung der Art, wie sich Stoiker und Akademiker polemisch gegeneinander verhielten.

Karneades aus Kyrene, welcher gegen 100 Jahre nach Arkesilaos blühte und von 214—130 v. Chr. lebte, wird als Stifter einer dritten Akademie betrachtet. Er bestritt vornehmlich die Lehre des Stoikers Chrysippos, den er übrigens hochschätzte: εἰ μὴ ἦν Χρύσιππος, οὐκ ἂν ἦν ἐγώ. Er behauptete: weder für die sinnliche, noch für die übersinnliche Erkenntniss giebt es ein untrügliches Merkmal der sachgültigen Wahrheit, obgleich der Satz, dass nichts Sachliches, Objectives erkannt werden könne, ebenfalls selbst nicht als sachgültige Wahrheit behauptet und eingesehen werden kann. Alle menschliche Erkenntniss hat daher nur Wahrscheinlichkeit in unterschiedenen Graden, wovon er drei Grade vornehmlich betrachtete. Er unterschied die Vorstellung ($\varphi\alpha\nu\tau\alpha\sigma\iota\alpha$) von dem Vorgestellten ($\tau\grave{o}\ \varphi\alpha\nu\tau\alpha\sigma\tau\acute{o}\nu$) und von dem Vorstellenden ($\acute{o}\ \varphi\alpha\nu\tau\alpha\sigma\iota o\acute{v}\mu\varepsilon\nu o\varsigma$) und betrachtete die Vorstellung in diesem ihrem doppelten Verhältnisse ($\sigma\chi\acute{\varepsilon}\sigma\iota\varsigma$). Nun behauptete er, weder der Sinn, noch die Vernunft bieten ein Kennzeichen ($\varkappa\varrho\iota\tau\acute{\eta}\varrho\iota o\nu$) der sachlichen Wahrheit dar, sondern gewähren bloss Wahrscheinliches ($\pi\iota\vartheta\alpha\nu\acute{o}\nu$, probabile).

Von dieser Wahrscheinlichkeit darf der Mensch keinen Gebrauch machen zu Aufstellung einer sachgültigen Wissenschaft, wohl aber reicht sie für das Handeln hin. Dabei war er ein feiner Dialektiker. Er bemerkte z. B. ganz richtig, dass, wenn zwei Dinge dem Dritten in bestimmter Hinsicht gleich sind, sie deshalb nicht einander durchaus gleich seien, z. B. einem Stück gerade Linie kann ein Kreisbogen und ein Spiralbogen gleich sein an Länge, deshalb sind sie doch artverschieden und gestaltverschieden. In Ansehung der Idee Gottes setzte er seine Behauptung der der Stoiker entgegen und behauptete, dass alle menschliche Eigenschaften als solche, Erkennen, Empfinden, Wollen, Bewusstsein und so ferner, mit selbiger unverträglich seien, weil Gott nur als unveränderliches Wesen denkbar sei, und ihm überhaupt keine besondere Eigenschaft, kein besonderes Prädikat zukomme; dass also Gott nicht als ein $\zeta\tilde{\omega}o\nu$ betrachtet werden könne. Gott könne weder gedacht werden als alles Vergangne nachwissend, noch als alles Künftige vorwissend, denn von Ersterem sei keine Spur mehr und vom Anderen sei noch keine Spur da. Er stellte daher den ganzen Anthropomorphismus in seiner Unbefugtheit und eiteln Anmassung ohne Schonung dar. — In der Ethik vertheidigte Karneades die Meinung, dass das höchste Gut in der mit Vergnügen (Seelenvergnügen) verbundenen Tugend bestehe. Er lehrte ferner, dass der Mensch danach streben dürfe, sich die ersten Naturgüter zu verschaffen, und ihrer zu geniessen. Die Tugend aber fordere es: Jedermann vor Schaden zu warnen, auch wenn sein Schaden dem Warnenden nützlich sei, und die Beschädigung keine bürgerliche Strafe nach sich ziehe. — Er suchte ferner, die Behauptung der Stoiker von einem der Idee gemässen, den Göttern und Menschen in Einem Staate gemeinsamen Rechte zu widerlegen; er unterschied aber doch die natürliche und die bürgerliche Gerechtigkeit.

d. i. Gerechtigkeit der Sittlichkeit und die der Klugheit, und lehrte, dass die letztere, bürgerlichkluge Gerechtigkeit das Princip für das wirkliche Leben und das wirkliche gerechte Verhalten sei.

Daher sagt Lactantius div. instit. V. 14: Cum duas in partes justitiam distribuisset, alteram civilem esse dicens, alteram naturalem, utramque mox subvertit, quod illa civilis sapientia sit quidem, sed justitia non sit; naturalis autem illa justitia sit quidem, sed non sapientia. Als er im Jahre 158 v. Christus als Gesandter mit dem Stoiker Diogenes und dem Peripatetiker Kritolaos in Rom war, vertheidigte er an einem Tage die Gerechtigkeit; am nächsten Tage aber bestritt er sie, indem er lehrte: der Staat besteht durch Gerechtigkeit, und dawider auch: kein Staat besteht, oder kann bestehen durch Gerechtigkeit. Sehr richtig sagt darüber Quinctilianus: disputavit tamen contra justitiam, ut defensores illius ostenderet nihil certi, nihil firmi afferre pro ea. Indessen Cato Censorius, der diese Reden hörte, meinte, man solle diese Gesandten baldmöglichst abfertigen, dass sie nicht die Jugend zu Skepsis verführten.

Da nach dieser Lehre des Karneades nicht gewusst werden kann, ob Wissenschaft möglich ist, oder nicht, so bleibt nach selbiger bloss die Aufgabe: das Wahrscheinliche zu erforschen, über Alles und Jedes aber sein entscheidendes Urtheil anzuhalten, und dabei sein sittliches Verhalten nach dem Wahrscheinlichen und, wie Karneades ausdrücklich lehrte, nach den bestehenden bürgerlichen Gesetzen einzurichten.

So kehrte sich das sokratische subjective Princip, da es voreilig, ohne und ausserhalb der stetigen Analysis und Synthesis, angewandt wurde, und die sokratische Ironie, sobald die Erkenntniss und Anerkenntniss des Wesenhaft-Seienden, als des an sich gewissen, objectiven Principes, verschwand, wider sich selbst, sich selbstvernichtend.

Der hellenischen Philosophie dritte Hauptperiode.

Diese ist zugleich die Periode der Erinnerung des bis dahin Erforschten, besonders dessen, was in der ersten Periode dieser Hauptperiode erforscht worden war.

Vorerinnerung.

In den Systemen der Stoiker, der Epikureer und der Akamiker hat die griechische Philosophie das erste Mal ihren Kreislauf vollendet; denn sie hat sich, den allgemeinen Entwickelung-Gesetzen des menschlichen Geistes gemäss, vom ersten Anfange der Wissenschaftforschung bis zum Bewusstsein der ganzen Aufgabe der Wissenschaft erhoben, sich dann in den Haupttheilen der Wissenschaft bildend versucht und ist von da absteigend bis zu dem Anfange zurückgekehrt. Daher wurde nun in der dritten Periode dieser dritten Hauptperiode der hellenischen Wissenschaftschaftbildung, in dem langen Zeitraume vom ersten Jahrhunderte nach Christus bis in das sechste, jener ganze Kreisgang in dem weiten Römerreiche, vorzüglich in Rom selbst, in Griechenland und in Alexandria zweimal wiederholt. Es wurden alle altgriechische Systeme, mit mancherlei Versuchen, einige, oder alle zu vereinen, erneuert. Merkwerth ist auch die Verbreitung der griechischen Philosophie unter den Juden, unter denen Philon, Jesu Zeitgenosse, als Platoniker, und Josephus hervorragen; und die Vereinbildung der griechischen Philosophie mit der mosaischen Gottlehre, vornehmlich auch durch die Essener und Therapeuten; dann die Vereinigung der griechischen Philosophie mit der Kabbala des Talmud und mit der selbst mit christlichen Lehren vermischten Lehre der Gnostiker und der Manichäer. Ferner fällt auch in diesen Zeitraum die Ausbildung der philosophischen Lehren innerhalb des Christenthumes durch die Kirchenväter, besonders durch Lactantius und Augustinus, welche, wegen der neuhinzugekommenen christlichen Ideen, als eine zumtheil selbständige Gestaltung des Denkens besonders erwähnt werden wird. Endlich vereinigte sich während dieser ganzen dritten Periode die hellenische Philosophie immer inniger mit den nun zugängiger gewordenen philosophischen Systemen Asiens.

Aber diese Erscheinungen der Wissenschaftbildung gehören eigentlich schon der mittelalterlichen Wissenschaftgeschichte an, in deren erste Hauptperiode sie fallen.

Der dritten Periode
I. Epoche.

In der ersten Epoche dieser dritten Periode wurden alle ältere Schulen vielseitig erneuert und weiter, als früherhin, ausgebreitet; aber der griechische, nun bereits zumtheil ausheimisch gewordene Geist endete auch diesmal in ein zwar durchgreifenderes, aber gleichwohl nicht durchgeführtes Zweifeldenken, — in einen einseitigen und bloss theilheitlichen Skeptizismus; welche skeptische Denkart aus der empirischen Schule vorzüglich philosophischer Aerzte hervorging und vornehmlich durch Aenesidemos, der 80 Jahre nach Christus blühte, und im zweiten Jahrhunderte durch Sextos Empeirikos ausgebildet wurde.

Während dieser Epoche wuchs die Ausbreitung der hellenischen Philosophie nach allen Theilen des römischen Riesenstaates, und diese Ausbreitung wurde zugleich durch die Empfänglichkeit der Völker mitbestimmt, — durch die verschiedenartige Bildung, welche die sich ausbreitende Philosophie vorfand. Ernste, republikanisch gesinnte Römer wurden von den Stoikern und den Akademikern angezogen; üppige, sinnliche Römer, wie ein Horatius, vom Epikureismus. In Aegypten und Syrien fand die hellenische Philosophie ägyptische, persische und chaldäische Elemente der Wissenschaftbildung vor und vereinigte sich damit und nahm in diese Vereinigung auch die mythischen Ueberreste der hermetischen und der ophischen Lehren auf.

Dieser Abschnitt hat mehr den Charakter der Wiedererinnerung (ἀνάμνησις), der Wiedererzeugung, Reproduktion, als der ursprünglichen Wahrheitforschung, aber zugleich den Charakter der Zerstreutheit, in Mangel an Einheit und Vereinheit, auch des Ueberwiegens der Gelehrsamkeit und des Zusammenlesens der Gedanken aus den verschiedensten Systemen, ohne organischen Charakter, ohne gediegene Verschmelzung. Dabei ist der Schauplatz das grosse, weite Römerreich, und daher giebt es viele, zerstreute Schulen und Keimpunkte (Krystallisationspunkte) der Wissenschaft.

Es ist dieses also zugleich eine Zeit der Umgährung, — ein erneuter chaotischer Zustand des Denkens, aus welchem sich der forschende Geist zu den letzten und gediegensten Leistungen der Philosophie in den alexandrinischen Neoplatonismus sammelte und zusammennahm.

Der dritten Periode

II. Epoche.

Aber eine ausführlichere Erwähnung verdienen die wissenschaftlichen Bestrebungen der zweiten Epoche dieser dritten Periode. Die ganze Entfaltung der hellenischen Wissenschaftsysteme in der ersten und zweiten Hauptperiode, vornehmlich des Pythagoreismus, des Platonismus und des Aristotelismus, wurde nochmals wiederholt, und die Denker dieser Epoche waren zunächst bemüht, alle älteren griechischen Hauptsysteme mittelst des dazu eingerichteten Platonismus zu vereinigen. Vornehmlich in dieser Epoche vereinigte sich der hellenische Wissenschaftgeist mit dem ägyptischen, dem parsischen und dem indischen. Der bis dahin unvereint gebliebene Gegensatz der platonischen und der aristotelischen Denkart wurde nach allen seinen Hauptpunkten genau aufgefasst, und die Vereinigung geschah auf platonischer Grundlage, denn Platon's Philosophie wurde dadurch zur Grundlage und zur Mitte aller philosophischen Forschungen und Erkenntnisse, dass sie die Grundlage der Religion enthält, ideell und mystisch ist und dadurch vornehmlich zu Belebung des damaligen Zeitgeistes (Lebengeistes der Völker selbst) mitgewirkt hatte, so dass auch das weitergebildete System des Pythagoras mit aufgenommen, das System des Aristoteles aber, überhaupt als Vorschule, und insbesondere die aristotelische Logik als formales Organon, angewandt wurde. Die Schule, in welcher diese Denkart sich ausbildete, wird die alexandrinische genannt, weil sie in Alexandrien entstand und sich fortbildete; auch die neoplatonische, weil sie von der platonischen Philosophie ausging und, die übrigen philosophischen Systeme in diese aufzunehmen, bestrebt war; sie könnte auch zugleich die neopythagorische Schule genannt werden, weil sie nach dem Platonismus auch den Pythagoreismus zu erneuern und zu vollenden bestrebt war. In dieser Schule nahm sich der hellenische Wissenschaftgeist nochmals zusammen, ermannte sich nochmals zu der platonischen und aristotelischen Forschung.

I. Bildkreis: Diese Schule wurde von Ammonios Sakkas um das 193te Jahr nach Christus zu Alexandria gestiftet. Die Lehre des Ammonios wurde weiter ausgebildet von seinem Schüler Plotinos, welcher im 205ten Jahre nach Christus geboren ward. Das System des Plotinos erklärten und verbreiteten dessen Schüler Porphyrios (Malchos) und dann des Porphyrios Schüler Iamblichos, welcher im 333ten Jahre nach Christus starb. Endlich Proklos, im 412ten Jahre geboren, suchte, das System des Plotinos zu begründen und zu vollenden und gegen Einwendungen zu vertheidigen. Nachher dauerte diese Schule ununterbrochen fort, bis auf Damaskios, Ammonios und Simplikios, mit welchen, als im Jahr 529 die Hörsäle der heidnischen Philosophen auf Befehl des Kaisers Justinianus geschlossen wurden, die Schulen der hellenischen Philosophie erloschen.

Die Lehre des Plotinos und die des Proklos verdienen, hier nach ihren Hauptpunkten besonders erwähnt zu werden.

II. Bildkreis: Plotinos. Nach Plotinos ist alle echte Erkenntniss Gotterkenntniss. „Die Seele wird Gottes nicht bloss im Schaun und Denken, sondern im ganzen, ungetheilten Gemüthe, als ganzes Wesen, in wahrer Gegenwart ($\pi\alpha\varrho o\nu\sigma\iota\alpha$) inne". Mehre Stellen des Plotinos zeigen, dass er es eingesehen hat, dass die Gotterkenntniss des endlichen Geistes nur eine der besonderen Weisen ist, in denen derselbe der wesentlichen Gegenwart Gottes in ihm inne ist.

Wenn man auch nur die Stellen erwägt, welche Rixner I. S. 352 n. 4 anführt, so ist offenbar, dass Plotin erkannt hat, dass Gott mit dem Menschen, als ganzes, selbes Wesen, vereint ist, und dass, sowie das Selbstschaun Gottes nur Eine seiner Wesenheiten ist, also auch das Gottschaun des endlichen Geistes nur eine innere, untergeordnete, aber wesentliche Weise ist, der Gegenwart Gottes, als ganzen, selben Wesens, in der Seele inne zu werden. — Diese Einsicht, die plotinische Grundlehre von dem ganzen Weseninnesein, ist ein Hauptfortschritt der Wissenschaft selbst, — wovon, wie ich vermuthe (und soviel mir bekannt), bei Platon und Aristoteles kaum die Ahnung zu finden sein möchte. (Diese Lehre hat nicht einmal Schelling gefasst.)

„Das Schauen Gottes, welches die Seele in selige Ruhe versetzt, ist das einzige Ziel der Wissenschaft; — es ist das ursprüngliche Licht des Geistes. Philosophie, d. i. unbedingt gewisse Wissenschaft, ist nur dadurch möglich, dass und sofern das Erkennende und das Erkannte wesentlich Eins sind." Diese Einsicht ist der zweite Hauptpunkt des plotinischen Systemes, welches hierin mit der Lehre „von der Einheit des Subjectes und des Objectes der intellectualen Anschauung" der neuen deutschen philosophischen Schulen übereinstimmt. Kant sprach diese Einheit als Forderung aus, deren Erfüllung er für unmöglich hielt; Fichte glaubte, selbige in der Grundschauung: Ich ganz zu haben, und Schelling in der blossen Verneinung aller Gegenheiten als solcher. Schelling erkannte die intellectuale Anschauung des Absoluten zugleich als das Princip der menschlichen Wissenschaft. — Plotinos lehrt sodann weiter: „damit die Seele dieses seligen Schauens Gottes theilhaftig werde, muss sie sich von allen Begierden reinigen; dazu giebt die Philosophie Anleitung, die Alles in Einem und Eins in Allem erkennt.*) Nur das ganze, selbständige Eine (τὸ ἕν), welches Alles ist, was ist, ist das unbedingt Erste, nicht das Seiende (τὸ ὄν), nach Platon, nicht die Form (τὸ εἶδος), nach Aristoteles, nicht der Geist (νοῦς), nach Anaxagoras und Aristoteles.

Aus dem Einen geht hervor auf ewige Weise, nicht zeitlich, Alles, was ist, alles Mögliche und Wirkliche. Zuerst das Geistwesen (νοῦς), welches das Eine schaut und ausser diesem Nichts bedarf. Aus dem νοῦς geht hervor die Seele, ψυχή, welche die Vernunft (λόγος) des νοῦς ist und

---

*) Enn. VI. Lib. 9. c. 2. ὅλως δὲ τὸ μὲν ἕν τὸ πρῶτον, ὁ δὲ νοῦς καὶ τὰ εἴδη οὐ πρῶτα.

Es ist freilich auch wieder einseitig, Wesen mit der Kategorie der Einheit vorwaltend zu bezeichnen.

weiter andere Seelen verursacht, da sie ein erzeugendes Schauen (*θεωρία*) ist. Plotin unterschied die Verstandeswelt (*κόσμος νοητός*) von der Sinnenwelt (*κόσμος αἰσθητός*). Das Eine, Gott, ist allgegenwärtig; in ihm sind und athmen wir; Gott ist das vollkommene, das Urbild und der Eine Zweck aller Dinge, die nur durch Gott sind, leben und bestehen und vollkommen werden können. Die wirkliche Welt (*κόσμος αἰσθητός*) ist nur ein Abbild der Verstandeswelt. Das Abbild ist unvollkommen, — daher das Böse. Plotinos war redlich bemüht, Schwärmerei, Wahnschaun und Wahngefühl und Wahneifer (Fanatismus) zu vermeiden, und er betrachtete zu dem Ende sehr tief und genau den Geist, und besonders genau das Erkenntnissvermögen, daher in seinen Schriften die Erkenntnisswissenschaft, die Logik, in vieler Hinsicht weitergebracht wird. „Dass Plotin (und zwar unter den Neoplatonikern allein) die Natur des menschlichen Geistes, vorzüglich des Erkenntnissvermögens, umfasst habe", bezeugt sogar der Kantianer Tennemann, Geschichte der Philosophie, B. VI, Seite 408. — Das Wahre ist, nach ihm, in der Vernunft selbst enthalten und hat seinen Grund in der Vernunft. Die Grundwahrheit, die Erkenntniss des Einen, zeigt sich selbst an; sie stimmt nicht mit einem Andern, sondern nur mit sich selbst überein. — Die Tugend ist Gottähnlichkeit im Leben, zugleich Güte und Schönheit. Hierin, in der Lehre von der Schöngüte, blieb Plotinos dem Platon treu; sein Werk *περὶ κάλλους* (Enn. I, 6), ed. Creuzer, ist ausgezeichnet und einzig. Die niedere Tugend ist die einer Seele, welche in der Weltbeschränkung verderbt und mit Begierden befleckt ist, die aber dieses erkennt und, nach Schöngüte strebend, sich stufenweise reinigt. Der Mensch kann dadurch, dass er wieder zu dem Einen sich kehrt und sich vereinfacht (*ἅπλωσις*), dazu beitragen. Der Mensch muss, eine Reinigung (*κάθαρσις*) zu erlangen, streben. Die höhere Tugend aber ist die der gereinigten Seelen, die dann in wahrer Vereinigung (*ἕνωσις*) mit Gott leben und von Gott selbst erleuchtet und gereiniget werden. Schon das reine Denken, die wissenschaftliche Erkenntniss Gottes, und das im reinen Schaun Gottes sich haltende Forschen, ist zureichend, um der wesenhaften Gemeinschaft mit Gott theilhaft zu werden.*) Die Lehre von der wesenhaften Gemeinschaft und Vereinigung des Menschen mit

---

*) Plotinos leugnete zwar nicht die eigenlebliche Gemeinschaft Gottes und der endlichen Welt, besonders der gereinigten Seelen, aber er hielt das reine Denken (die Speculation, das Orschaun) für zureichend, um der wesentlichen Gemeinschaft mit Gott theilhaftig zu werden. (Daher bei ihm die Theurgie nur von untergeordneter Wesenheit ist, welche dagegen Iamblichos über die Speculation setzt.) S. Tennemann, Gesch. d. Philosophie, Bd. VI, S. 387.

Gott, worin Plotinos mit dem altindischen Systeme übereinstimmt, ist eine Grundlehre der Religion*); da sie aber auch bei Plotinos nicht in grundwissenschaftlicher Ableitung und Bestimmtheit entwickelt sich findet, so wurde sie für ihn und seine Nachfolger der Hauptquell vielfacher Schwärmerei, in welche der menschliche Geist in der Ahnung seines wesentlichen Verhältnisses zu Gott allemal dann verfällt, wenn er sich selbst des Zügels des besonnenen Denkens nach dem Gesetze der Wissenschaftforschung entschlägt. Dieser Gefahr suchte Plotinos zu entgehen, schon indem er auf Logik und Dialektik grossen Fleiss verwandte. Plotinos suchte die Gottähnlichkeit nicht in müssiger Beschaulichkeit, sondern in einer weisen, gottähnlichen, schönen, gesellschaftlichen Wirksamkeit. Daher nahm er die Idee des Pythagoras, eine vollkommne menschliche Gesellschaft, gemäss den Lehren der Wissenschaft, zu gründen, wieder auf und fasste den Entschluss, eine ihm vom Kaiser Gallienus überlassene verwüstete Stadt in Campanien, mit kaiserlicher Unterstützung, wieder aufzubauen, und mit deren Bewohnern Platon's Ideen vom Staate zu verwirklichen, daher er sie Platonopolis nannte; aber dieses Unternehmen misslang während der ersten Ausführung. — Die Wissenschaft vom Schönen und von der Schönkunst bildete Plotinos auf platonischer Grundlage weiter und tiefsinniger aus.

Seine Abhandlung über die Schönheit (aus den Enneaden) enthält tiefe und schöne Gedanken; unter anderen folgende: „Das Schöne ist, was die von Gott erfüllte Seele schafft (ἐστὶ τὸ καλόν, ὃ κύει ἡ ψυχὴ πληρωθεῖσα θεῷ).

„Gott ist Quell und Anfang der Schönheit. Güte und Schönheit ist Gottähnlichkeit; aus Gott stammt die Schönheit der Seele und aller Dinge. Die Seele soll, einem Bildhauer ähnlich, sich zu einem schönen, gottähnlichen Bilde ausarbeiten, bis der göttliche Glanz der Tugend hervorblüht, und die Mässigung (σωφροσύνη) auf reinem, heiligem Grunde der Seele erscheint. Sowie das Auge die Sonne niemals sehn würde, wenn es nicht sonnenähnlich wäre, so wird auch die Seele das Schöne nicht sehen, wenn sie nicht selbst schön geworden ist. Daher werde ein Jeder zuerst gottähnlich (θεοειδής), und schön ein Jeder, wenn er das Schöne erblicken (θεάσασθαι) will!" — Der Begriff der Philosophie kann nach Plotinos so zusammengefasst werden: sie ist die

---

*) Dies ist der Grundlehrsatz der eigentlichen Religion (oder Wesenvereinlebheit, Gottverein-Eigenlebheit). Ohne ihn hat die Religionswissenschaft keinen Grund und Gehalt. Er ist das Innerste und Heiligste der asischen, besonders der altindischen Philosophie.

in reiner Vernunft geschöpfte Wissenschaft von Gott als dem Einen, zugleich als dem Einen Sachgrunde und Erkenntnissgrunde, welches das Erkennende und das Erkannte zugleich ist, und die Wissenschaft von der Welt und allen Dingen als in und durch Gott. Sie giebt dem Menschen Anleitung zur Tugend, d. i. zur Gottähnlichkeit im Leben, wodurch die gereinigten Seelen zur Vereinigung mit Gott gelangen. — Einen gleichförmig ausgebildeten Gliedbau der Wissenschaft hat Plotinos nicht zustande gebracht.

III. Bildkreis: Proklos. Proklos war zu Konstantinopel im Jahre 412 geboren, aber zu Xanthos in Lykien erzogen; als des Syrianos Nachfolger wird er διάδοχος genannt; er starb 485. Seine gelehrte Bildung erhielt er in Alexandria, die philosophische von Olympiodoros. Dann ging er nach Athen und hörte die Neoplatoniker Plutarchos und Syrianos; in des letzteren Hause nahm er an der dort eingeführten pythagorischen Lebenweise Theil. Nach Syrianos' Tode lehrte er zu Athen die neoplatonische Philosophie mit grossem Beifall. Proklos, der erste von den Nachfolgern des Plotinos, der diesen ganz gefasst und seine Lehre im Wesentlichen berichtigt und weiterausgebildet hat, war tiefdenkender Philosoph und Mathematiker und zugleich einer der gelehrtesten Forscher der Vorzeit. Er erwarb sich bleibende Verdienste, vorzüglich um Logik und Dialektik, um die Mathesis*), um die Wissenschaft des Schönen und der Schönkunst**), um die tiefsinnige Erklärung und Weiterbildung der platonischen und der plotinischen Lehre, indem er zugleich viele echt platonische Lehren aufbewahrt hat; und ausserdem findet sich in seinen noch lange nicht genug bekannten und nicht ganz gewürdigten Schriften ein Schatz von Gelehrsamkeit, und insbesondere von Beiträgen zur Geschichte der Philosophie und der Mathesis.

Die neoplatonische Philosophie überhaupt ist als eine wesentliche Weiterbildung der hellenischen Philosophie auf der Grundlage der pythagoreischen, der platonischen und der aristotelischen Lehre zu würdigen; und sie würde wohl noch

---

*) Des Proklos Commentar über des Euklides Elemente, der erst zumtheil im Druck erschienen, ist einzig in seiner Art, man mag nun den echt philosophischen, platonischen Geist ansehn, womit er die Idee der Mathesis entwickelt, oder die tiefsinnige Begründung der Elementarsätze, oder die literarische und historische Gelehrsamkeit würdigen, die er dabei entwickelt. (Siehe: Tagblatt des Menschheitlebens, 1811 N. 14 und 15 = Philos. Abhandlungen 1889, S. 284 f.)

**) Man sehe z. B. die in des Proklos Commentar über das erste platonische Gespräch Alkibiades enthaltene Abhandlung von der Einheit und Schönheit.

Vieles mehr geleistet haben, wenn sie nicht durch das Geschick des griechischen Volkes und des Römerreiches und durch die äussere, hierarchische Entwickelung der christlichen Kirche gehemmt und endlich ganz unterbrochen worden wäre. Die Erhebung zu dem reinen, ganzen Gedanken Gottes, als des Einen, mit Abhaltung jeder bloss theilweisen und ausschliesslichen Aussage der göttlichen Wesenheit, und dann die Anerkenntniss, dass Gott in wesenhafter Gegenwart auch eigenleblich mit den endlichen Wesen, mit den endlichen Geistern und den Seelen der Menschen, verbunden ist ($\dot{\varepsilon}v$ $\pi\alpha\varrho o v\sigma i\alpha$), — dass also nicht bloss ewige Wesenähnlichkeit und zeitleblichen Verähnlichung die Menschen mit Gott verbindet, wie Platon lehrt, sondern auch Wesenvereinleben ($\xi v\omega\sigma\iota\varsigma$), wie die Vedam lehren; — diese beiden Grundeinsichten werden bei Platon und Aristoteles nicht gefunden; was Platon von der Vereinigung mit den seligen Göttern im Gespräche: Phädros sagt, ist nur eine ferne, schwache Ahnung dieser ewigen Wahrheiten, und die platonische Lehre von der Gottverähnlichung in Tugend und Schönheit erhält erst im Lichte dieser beiden Grundeinsichten ihre Klarheit und reine Weihe. Durch die vervollkommnete Gotterkenntniss wurde es der neoplatonischen Schule möglich, auch die Erkenntnisslehre und Wissenschaftlehre, die Logik und Dialektik, grundwissenschaftlich und zugleich mehr in Einzelne auszubilden. Der Grund aber, weshalb diese Schule, obschon sie diese Erkenntniss Gottes als Princip der Wissenschaft anerkannte, doch zumtheil in wissenschaftwidrige Schwärmerei, besonders in Ansehung des Verhältnisses des Menschen zu Gott, verfiel, war zunächst der Mangel der gliedbaugen Vollendung des hinaufleitenden, analytischen Theiles der menschlichen Wissenschaft, aber zuerst der Mangel an vollständiger Einsicht in die Wesenheit der Ableitung, der Selbeigenschauung und der Schauvereinbildung (der Deduction, der Intuition und der Construction)*) und in das gesetzmässige, nebengehende und sich durchdringende Fortschreiten derselben. Besonders hinderlich an reiner Wissenschaftgestaltung wurde den neoplatonischen Philosophen die äussere Nebenabsicht ihrer Wissenschaftforschung, den Geist und die geschichtliche Gestaltung und bestehende Einrichtung des heidnischen Lebens durch wissenschaftliche, grossentheils unangemessene Vergeistigung zu begründen und wider das anwachsende Christenthum aufrecht

---

*) Hierüber enthält die Wissenschaftlehre in den Grundwahrheiten (S. 231 ff.; 2. Aufl., S. 266 ff.) das Nähere, so auch des Verfassers Entwurf des Systemes der Philosophie 1803, S. 85—95; und die Vorlesungen über das System der Philosophie, 1828, S. 324 ff.; 2. Aufl. I., S. 397 ff.

zu erhalten und zu vertheidigen, sich selbst aber dabei in eine dem Verhältnisse der Brahmanen zu dem indischen heidnischen Volkleben ähnliche Lage zu versetzen. Dadurch brachten sie sich gegen die christliche Kirche in eine falsche, ihrer eignen Lehre unangemessne Stellung und trennten sich von selbiger scharf und feindselig ab. — Die neoplatonischen Philosophen entschieden unbefugt, ohne wissenschaftliche Erörterung und Beweisführung, über das eigenbliche Verhältniss Gottes zu den Menschen und der Menschheit und hofften, durch äussere Uebungen im gottinnigen Nachdenken und in leiblicher Enthaltsamkeit der unmittelbaren, individuellen Vereinigung mit Gott theilhaftig zu werden. Auch fassten sie die Idee eines allgemeinen Priesterthumes für alle Völker, ohne sich jedoch über die hellenische Vielgötterei zu erheben.

Die Vermengung des plotinischen und des proklischen Systemes mit schwärmerisch voreiligen, mystischen Annahmen darf uns nicht gleichgültig und unbillig machen hinsichtlich des vielen geleisteten Wahren und Echtwissenschaftlichen dieser Systeme. Sonst, vorzüglich während der Kantischen Periode, betrachtete man diese Schule nur als einen Abgrund bodenloser Schwärmerei. Seit etwa 25 Jahren aber, nachdem man Plotinos und Proklos wieder aus ihren Schriften zu kennen angefangen, lernt man darüber wieder richtiger und dabei gerechter urtheilen.

Die Epoche der neoplatonischen Philosophie ist für die Geschichte der wissenschaftlichen Entwickelung dieser Menschheit wichtig als Fortsetzung und Weiterbildung der älteren hellenischen philosophischen Systeme, als die erste Vereinbildung der europäischen, selbständig ausgebildeten Philosophie mit den philosophischen Systemen Asiens*), welches in höherer Art und Masse die Aufgabe unserer Zeit ist; dann als das Vereinglied der hellenischen Philosophie mit der Philosophie christlicher Völker und Denker, sowohl mit der Lehre der ältesten Lehrer der Kirche, als auch mit den philosophischen Systemen der mittelalterlichen Philosophen.

Berichtigung gewöhnlicher Ansichten.

1) In dem Neoplatonismus erscheint dennoch der Platonismus in höherer Potenz; aber bloss in Verklärung des Princips und in theilweiser Läuterung der obersten, im

---

* Vorzüglich auch durch Synesius, wie dieses Anquetil du Perron in einer Abhandlung zum Oupnek'hat durch Proben der Hymnen des Synesius bewiesen hat.

Princip erkennbaren Theilprincipien. — Aber freilich in voreiliger, unbefugter Ausbildung der synthetischen Wissenschaft; a., weil der analytische Haupttheil fehlte; b., weil die Wissenschaftlehre noch nicht gewonnen war; c., weil die Wissenschaft noch nicht rein war: α., von Streben nach geheimer, magischer Wirksamkeit und dergl. Verhältnissen; β., vom Streben, das Heidenthum zu retten.

2) Die hellenische Philosophie hat sich nicht ausgelebt, sondern ist gewaltsam unterbrochen worden.

3) Sie hat auch unter den christlichen Regierungen, auch nach der Schliessung ihrer öffentlichen Schulen noch fortgelebt und konnte daher vor und nach Eroberung von Konstantinopel von gelehrten Griechen nach Italien, nach Frankreich, nach Deutschland u. s. w. gebracht werden. (Tennemann B. VI, S. 480: „Wir finden in den folgenden Zeiten nur noch einzelne Sammler, Compilatoren und Commentatoren; eigentliche Denker verlieren sich fast gänzlich.")

So erlosch die hellenische Philosophie, ohne dass die Wissenschaft nach Platon und Aristoteles als Ein wohlgegliedertes, gleichförmig ausgebildetes Ganze nach dem Plane dieser beiden Urdenker gestaltet worden wäre. Aber die hellenische Philosophie erlosch darum nicht für die Menschheit, sondern sie sollte, nach Ablauf des eigenthümlichen Lebens des Mittelalters, ein Lebenreiz und ein Lebenkeim der neuzeitigen Wissenschaftbildung werden.

Die Philosophie der Römer.

Da die Philosophie der Römer gar nichts Grundeigenthümliches hat, so ist sie kaum als ein besonderer Zweig der hellenischen Philosophie zu betrachten. Daher habe ich gleich die der Erwähnung werthen römischen Denker bei den betreffenden Schulen untergebracht.

Denn: Die römische Bildung verhält sich zur griechischen Bildung ähnlich, wie die römische Poesie zur griechischen Poesie und wie die römische Philosophie zur griechischen Philosophie. (S. Tennemann B. IV, S. 366)

Die römischen Denker nahmen von hellenischer Philosophie auf, was ihnen zusagte; — durchaus excerpirend; sie verfuhren als Combinisten, dabei sammelnd und aggregativ verbindend. --

Wenn die heutigen Neugriechen der Ruhe des Friedens werden wiedergegeben worden sein, so werden sie sogleich mit eintreten in den nun höherartigen, die alte hellenische Philosophie weit überschreitenden Bau der Wissenschaft.

Uebergang der griechischen zur mittelalterlichen Philosophie.

Die Wahrheitforschung und die Lehrsysteme der Lehrer der christlichen Kirche bis zu dem Anfange des Mittelalters oder die Philosophie der Kirchenväter bildet den Uebergang von der hellenischen Wissenschaftbildung zu der mittelalterlichen. Die wissenschaftliche Grundlage dieser christlichen Lehrbegriffe macht die hellenische Philosophie, zunächst und am meisten die der christlichen Lehre in Ansehung allgemeiner Wahrheiten nahe verwandte neoplatonische Philosophie, vereint mit der orientalischen Philosophie, aus; aber die erstwesentliche, überall entscheidende Grundlage aller ihrer Lehren ist die Bibel, die mündliche christliche Ueberlieferung und der jedesmal geltende Lehrbegriff der Kirche; und nur insoweit wurden die Lehren der hellenischen und der orientalischen Philosophie angenommen, als sie mit dieser dreifachen Grundlage des christlichen Glaubens nicht stritten. Mehre und zwar die ältesten griechischen Kirchenväter gingen von der alexandrinischen, neoplatonischen Schule zum Christenthume über; auch Augustinus, welcher in philosophischer Hinsicht vor allen Kirchenvätern hervorleuchtet. Dieser Uebergang von der neoplatonischen Lehre zum Christenthume war um so leichter, weil das Christenthum schon in seinem ersten Anfange platonische Grundlehren enthält.

Anhang.

Die Philosophie der Kirchenväter.

Einige Kirchenväter suchten, die Einheit der Philosophie und der Offenbarung darzuthun; so Justinus der Apologet († 165), Clemens von Alexandria und Origenes († 254). Andere Kirchenväter, unter ihnen Tertullianus († gegen 220), Arnobius († 306) und Lactantius Firmianus († ums Jahr 330), des Letzteren Schüler, hielten die Philosophie, als selbständige Wissenschaft für gefährlich, von Gott entfernend, trüglich und thöricht*). Tertullianus sagt: Philosophia mundialis inimica sapientiae Dei est; und die Philosophen nennt er: omnium haeresium patriarchas. Arnobius sagt dasselbe, und dass es weit vernünftiger sei, Christus und seinen Aposteln zu glauben, als den Philosophen.

Andere aber, vornehmlich Augustinus (geboren im Jahre 354 und gestorben im Jahre 430), hielten die nichtchristliche Philosophie zumtheil für wahr, also für nützlich, und die christliche Anwendung ihrer berichtigten Lehren auf den Unterricht und das Leben, mit sorgfältiger Auswahl, für zulässig. Augustinus, dessen Lehrsystem die geschichtlich überlieferte Lehre des Christenthums mit dem neoplatonischen Systeme vereint enthält, giebt in seiner Schrift vom Staate

---

*) Cogitationes omnium philosophorum stultae sunt. Lact. div. inst. L. III. 1. Dazu die Stelle Tennemann, Geschichte der Philosophie, Bd. VI, 443, Note: Div. inst. l. III. c. 16. Nos ab hac calumnia liberi sumus, qui philosophiam tollimus, quia humanae cogitationis inventio est: sophiam defendimus, quia divina traditio est, eamque ab omnibus suscipi oportere testamur. — — Praeterea illud quoque argumentum contra philosophiam valet plurimum: ex eo posse intelligi, philosophiam non esse sapientiam, quod principium et origo ejus appareat etc. Das Folgende ist ebenfalls charakteristisch. Tennemann hat der Lehre der Kirchenväter den ganzen 7. Band gewidmet, welche Abhandlung aber doch noch Vieles zu thun übrig lässt. Tennemann kennzeichnet diese Periode der christlichen Philosophie mit: „Philosophie im Dienste der christlichen Kirche."

Gottes, dem philosophischen Hauptwerke dieses Bildkreises, eine kritische Uebersicht aller heidnischen philosophischen Systeme, welche für die kritische Geschichte der Philosophie wichtig ist. — Die erstwesentliche Einsicht der Kirchenväter, wodurch ein wesentlicher Fortschritt in der Wissenschaft begründet wird, ist, dass die Lehre von Gott, als dem Einen, lebendigen Gott, und die Lehre von Gottes Reiche, dem Volke mitzutheilen sei. Lactantius und Augustinus erkannten es als ein Hauptgebrechen des Platonismus, dass weder Platon, noch die Neoplatoniker die Lehre von Gott volkkundig gemacht und sich durch die Antriebe von Furcht und Hoffnung haben abhalten lassen, die Lehre von Gott der heidnischen Vielgötterei offen entgegenzusetzen*). Die Idee des Reiches Gottes übersteigt, in ihrer Reinheit und in ihrem ganzen Umfange aufgefasst, sowie auch in ihrer Anwendung auf alle Menschen und alle Völker, die ganze hellenische Wissenschaftbildung und legt den geistlichen und gemüthlichen Grund dazu, dass sich die Menschen von allen Vorurtheilen der Kaste, des Stammes und des Volkes befreien und der Idee der gottinnigen und gottvereinten Menschheit inne und klar bewusst werden.

Die Philosophie des Mittelalters.

Diese mittelalterliche Philosophie ist eigentlich nur der mittelzeitige, europäische Theil der grossen hauptlebenalterlichen Entfaltung der Wissenschaft, wo die Wissenschaftbildung in und unter der Idee der positiv geschichtlichen Religionsentwickelung steht, also sich weiterbildet gemäss einem Statut (Lehrstatut, dogmatischen Systeme), welches jedoch selbst auf der Grundlage der früheren Wissenschaftbildung hervorgegangen ist und durch die mittelalterliche Wissenschaftbildung selbst stetig weitergebildet wird. Denn durch die Unterordnung und Einordnung in das vorwaltende Hauptstreben des Lebens gewinnt und sichert sich der denkende, speculirende Geist seinen Einfluss auf das Leben.

In Asien, dessen Urvölker auf der Lebenbahn vorangehen, fällt diese mittelalterliche Periode früher, in die ortho-

---

*) „Plato quidem multa de uno Deo locutus est, a quo ait constitutum mundum: sed nihil de religione; somniaverat enim Deum, non cognoverat. Quod si justitiae defensionem vel ipse, vel quilibet alius implere voluisset, imprimis religiones deorum evertere debuit, quae contrariae sunt pietati. Quod quidem Socrates quia facere tentavit, in carcerem conjectus est, ut jam tunc appareret, quid esset futurum iis hominibus, qui justitiam veram defendere, Deoque singulari servire coepissent. Lact. div. inst, l. VII. c. XIV. Vgl. Augustinus de civitate Dei, l. X. c. 2, 3.

doxen Systeme der indischen Philosophie; so in Sina und bei dem Zendvolke.

Mit dem Christenthume hatte eine neue Periode für das Leben der Völker begonnen, und überall, wohin das Christenthum sich verbreitete, musste daher auch die Wissenschaft sich dem Geiste dieser neuen Lebenperiode gemäss umgestalten und neu und höher bilden. Nach Auflösung des weströmischen Reiches ordneten und gestalteten die Völker Europa's ihr neues, eigenthümliches, vom Geiste des Christenthumes geleitetes Leben auf einem erneuten und erweiterten Schauplatze, Diese Periode der Entfaltung der europäischen Menschheit wird das Mittelalter genannt, weil es, durch einen eigenwesentlichen Inhalt, zwischen der hellenischen und römischen und der neuzeitigen oder modernen Lebenbildung ein Mittleres und zugleich ein Vermittelndes ist. Die Wissenschaftbildung dieses Zeitraumes trägt dessen eigenthümliches Gepräge, und auch die Philosophie hat sich im Mittelalter als ein in sich gerundetes, abgeschlossnes Gebilde vollendet. Die Wissenschaft wurde nun innerhalb der christlichen Kirche von ihren Lehrern und Vorstehern, von einsam lebenden Religiosen, Eremiten und Mönchen theils in ihrer überlieferten hellenischen, römischen und kirchenväterlichen Grundlage erhalten, theils im Geiste der neuen Zeit neugestaltet. Sowie dann das öffentliche Leben der Völker geordneter wurde, traten die wissenschaftlich Gebildeten als öffentliche Lehrer der Wissenschaft theils auf ihren christlichen Sendbotschaften, theils in Klosterschulen und hernachmals in den Universitäten als allgemeine Lehrer der Völker Europa's hervor. Ein grosses Verdienst um die Bildung der europäischen Menschheit hat sich die nichtrömischkatholische Kirche in den britischen Inseln, vor dem Reiche der Angelsachsen und während desselben, erworben, besonders ihre Priester und Lehrer, die Culdeer, welche genaue Kenntniss der hellenischen und römischen Philosophie mit vernunftgemässer Auffassung der Grundlehren des Christenthumes und mit eigner Wahrheitforschung verbanden und sich als Lehrer der Fürsten und der Völker über alle damals zugängliche Länder Europa's ausbreiteten und überall Klosterschulen gründeten*).

Die Geschichte der Philosophie des Mittelalters ist noch lange nicht genug erforscht. Ich habe mich durch eignes Studium überzeugt, dass dieser Theil der Wissenschaftgeschichte so würdig ist, erforscht zu werden, als die Ge-

---

*) Ich habe dieses aus den geschichtlichen Quellen zu zeigen gesucht in der Schrift: Die drei ältesten Kunsturkunden u. s. w., vornehmlich B. II. Abth. 2. S. 439—460.

schichte der indischen, oder der hellenischen Philosophie. Auch Leibnitz, der die Scholastik sehr studiert hat, dachte so; ebenso Semler und andere unparteiische Forscher. Zur Zeit der Reformation kannte man nur die scholastische Philosophie in ihrer damaligen Entartung, wo sie so verderbt erschien, als die neoplatonische Philosophie am Ende ihrer Entwickelung; aber die älteren Scholastiker kannte und beachtete man damals nicht. Man mag aber Gehalt, oder Form ansehen, so ist die scholastische Philosophie wichtig und lehrreich. Denn dem Inhalte nach erhebt sie sich über die hellenische Philosophie durch höhere Ideen, besonders durch die Idee des Reiches Gottes, und durch die genauere Einsicht in das Verhältniss der Wesenheit Gottes zur Daseinheit Gottes (Anselmus) und durch den Umfang und die Gleichförmigkeit ihrer Hauptsysteme. Schon das System des Jo. Scotus Erigena übertrifft an Umfang und Anordnung das plotinische und das platonische, und das System des Thomas von Aquino ist überhaupt nächst dem Systeme des Vyassa und dem Wolfischen das ausführlichste philosophische System auf dieser Erde.

Was die scholastische Form betrifft, so ist die innere Form rein dialektisch und oft eristisch, aber dadurch gedrängt, kurz, inhaltreich; auf jeder Seite der Schriften des Thomas von Aquino z. B. lernt man Etwas, und aus jeder seiner Seiten könnte man ein kleines Buch machen. Sie gehen auf die baare, nackte Wahrheit aus, ohne Schmuck und Beiwerk. Deshalb waren weder die Scholastiker selbst, noch ihre Denkart und Lehre der Poesie abhold; es finden sich in den vier Hauptsystemen so schöne, poetische Stellen, als bei Platon; und Thomas von Aquino war einer der tiefsinnigsten Dichter des Mittelalters, er hat auf Befehl des Papstes die schöne Liturgie zum Frohnleichnamfeste und die Hymne: Pange, lingua, gloriosi etc. gedichtet. — Des Thomas von Aquino Summa theologiae hat gewiss mehr, als jedes andere gleichzeitige Buch fünf Jahrhunderte lang zur wahren Bildung und Civilisirung der europäischen Menschheit gewirkt; besonders auch durch seine Rechtslehre und Staatslehre, worin er in Inhalt und Kunstsprache der Kantischen überaus ähnlich ist. Die äussere Form ist die nach Grundsätzen der Wissenschaftsprache höhergebildete lateinische Sprache; diese Höherbildung war nothwendig, denn das Ciceronische Latein ist für das feinere und tiefere Denken nicht geeignet. Und wir sollten über diese Sprache um so weniger spotten, als aus ihr unsere jetzige Wissenschaftsprache grösstentheils entsprungen ist; so z. B. die ganze Kantische Kunstsprache ist, dem Wortbestande nach, schon bei den Scholastikern da.

Es ist daher zu wünschen und zu hoffen, dass deutscher

Fleiss und Gründlichkeit diese Lücke in der Geschichte der Philosophie in dem nächsten Menschenalter schon ausfüllen werde.

Das Alleineigenwesentliche der mittelalterlichen Wissenschaftbildung besteht in zwei Hauptpunkten. Zuerst darin, dass das metaphysisch dogmatische System der christlichen Kirchenlehre allen philosophischen Forschungen als satzungliches, positives, unwandelbares Element zum Grunde gelegt wurde, jedoch zu verschiedenen Zeiten und von verschiedenen Denkern in verschiedenem Sinne und Umfange; vorwaltend aber nach der Abfassung des Augustinus. Das zweite Element der mittelalterlichen Philosophie ist aber die Forschung der reinen Vernunft, als solche, die zwar auf dem Gebiete der Kirchenlehre dieser untergeordnet wurde, allein innerhalb des übriggelassenen Gebietes, also besonders in der Logik und Dialektik, aber auch zumtheil in der Metaphysik, der Ethik und der Politik, sich frei bewegte und auf der Grundlage des platonischen und des aristotelischen Systemes Neues und Tieferes zur Erkenntniss brachte.

Doch lehrten sie: alle menschliche Vernunft, als solche, ist trüglich (omnis ratio humana de se fallibilis). Vergl. Rixner, Geschichte der Philosophie 1829, Bd. II, S. 145.

Es ist hier auch die Ausflucht zu erwähnen: dass eine Lehre philosophisch wahr und theologisch falsch sein könne, und umgekehrt.

Die Lehre des Christenthumes liess den Denkern des Mittelalters Freiheit der Vernunftforschung übrig, ja forderte dieselbe. Denn die Grundlehre des Christenthums, sofern sie ewige Wahrheit verkündiget, und sofern von den eigentlich geschichtlichen und persönlichen Glaubensartikeln abgesehen wird, streitet nicht mit der Grundeinsicht, welche die Wissenschaft auf der Höhe der Forschung gewährt, und ist überhaupt der selbstthätigen Forschung des vernünftigen Geistes nicht feindselig, da sie vielmehr selbst Prüfung der Lehre anempfiehlt. Aber die weitere Entfaltung der christkirchlichen Lehre hat selbst die weitere Ausbildung der Wissenschaft in reiner Vernunft nöthig, da in den Religion-Urkunden des Christenthumes, und in der mündlichen Ueberlieferung seiner Lehre, allgemeine, ewige Wahrheiten vorkommen, welche, um wider die Gegner behauptet, vornehmlich aber, um für das Leben recht fruchtbar zu werden, zu grösserer Bestimmtheit und Anwendbarkeit erst der weiteren wissenschaftlichen Entwickelung bedürfen; — und gerade dies war ein Hauptgrund des regen Wissenschaftlebens im Mittelalter. Die zahlreich besuchten Universitäten Frankreichs, Italiens und Deutschlands, unter denen die zu Paris vielen andern als Musterbild vorleuchtete, vermehrten am

Bau der Wissenschaft die Zahl der Mitarbeiter, welche um so mehr zur Erleuchtung der Vöker in ganz Europa wirken konnten, da der Klerus aller christlichen Völker genau verbunden war. Aus diesem Grunde nennt man die Philosophie des Mittelalters die scholastische oder die Philosophie der christlichen Schulen. — Das Streben der mittelalterlichen Forscher war zunächst darauf gerichtet: das Lehrsystem der christlichen Kirche als mit dem Wissenschaftsystem der reinen Vernunft übereinstimmig darzustellen, und dasselbe durch ferneren Vernunftgebrauch gemäss dem Geiste des Christenthums weiter auszubilden; — das Vertrauen des Gelingens dieses Vorhabens beruhte auf der Ueberzeugung, dass die allgemeine Offenbarung Gottes, welche auch an die heidnischen Philosophen ergangen sei, mit der besondern, individuellen Offenbarung Gottes im Christenthume an sich übereinstimme, weil Gott wahrhaft ist. Zugleich waren die scholastischen Philosophen bemüht, das platonische und das aristotelische System unter sich und dann mit der christlichen Kirchenlehre in Einklang zu bringen, und so die Eine christliche Philosophie zu vollenden. Um dies zu leisten, mussten sie vornehmlich Logik und Dialektik ausbilden und, tiefer in die Grundwissenschaft einzudringen, suchen. — Eine Einzelerscheinung dieses Strebens ist der Streit über die Daseinheit des Allgemein- und Ewigwesentlichen, worüber sie tiefsinnige Untersuchungen anstellten, und weshalb sie sich seit dem elften Jahrhunderte in zwei heftig streitende Parteien theilten; in die der Realisten, welche dem in Allgemeinbegriffen gedachten Allgemein- und Ewigwesentlichen wesentliche, selbständige Daseinheit zuschrieben, und der Nominalisten, welche die Allgemeinbegriffe für Benennungen des bloss für sich gedachten Allgemeinwesentlichen an einzelnen Dingen erklärten. Dieser Streit hat seine geschichtliche Quelle in dem oben erklärten Widerstreite der Grundbehauptungen des Platon und des Aristoteles über die Ideen. Nur die in ihr Inneres ausgebildete Wesenschauung löst diesen Streit, indem sie das in beiden Gegenbehauptungen Wahre in Einer höheren Wahrheit in Bestimmtheit zu erkennen giebt, das darin enthaltene Unwahre aber gründlich beleuchtet und seinen Schein löset und austilgt. In der ersten Hälfte des Mittelalters schlossen sich die Forschungen mehr an Augustinus und den alexandrinischen Neoplatonismus an und hielten sich also mehr an das platonische System; aber in der zweiten Hälfte dieses Zeitraumes wurde das System und die Denkart des Aristoteles vorherrschend, so dass die Grundlage des Inhaltes der Wissenschaft die Bibel und die Kirchenlehre, und die Grundlage der Form der Wissenschaft die aristotelischen Schriften ausmachten. Die Schriften des Aristoteles nebst anderen griechischen philosophischen und mathematischen Schriften wurden den christlichen Philosophen des Mittelalters durch die Araber wieder bekannter, durch die Vermittelung einiger jüdischer Philosophen, besonders des Moses Maimonides, der zu Cordova im Jahre 1131 geboren ward. Doch lebten im Mittelalter jederzeit auch Denker, welche weder dem platonischen, noch dem aristotelischen Systeme allein anhingen, sondern beide hochachteten, beide prüften und die in selbigen enthaltene Erkenntniss der Wahrheit weiter brachten. Ein wesentliches Verdienst der scholastischen Philosophie ist die feinere Ausbildung der Kunstsprache der Wissenschaft, wodurch die lateinische Sprache zu dieser Absicht bereichert und umgebildet wurde, so dass aus dieser scholastischen Terminologie viele Tausende von Wörtern nicht nur in die Wissenschaftsprache unserer Zeit, sondern auch in die romanischen Volksprachen und in die englische, und durch Uebersetzung auch in die deutsche, Volksprache übergegangen sind. In diesem sprachkunstlichen Streben war den Scholastikern Aristoteles vorangegangen, der mit ähnlicher Freiheit seine griechische Muttersprache behandelte und vorzüglich dadurch seinen Lehrer Platon in der Kunst des wissenschaftlichen Vortrages weit übertraf*). Daher sollte die Schulsprache der mittelalterlichen Philosophie nicht ein Gegenstand des Spottes, sondern des Studium und der kritischen Sichtung sein. — Durch die Vereinigung der beiden vorhin genannten Elemente der scholastischen Philosophie ergiebt sich die Eigenthümlichkeit derselben, dass sie die Erkenntniss und Anerkenntniss Gottes schon zu der Forschung hinzubringt, ob sie gleich hernachmals auch sogenannte Beweise des Daseins Gottes aufsucht und aufstellt. Daher konnte in den scholastischen Philosophen das Bedürfniss des ganzen hinaufleitenden, subjectiv-analytischen Haupttheiles der menschlichen Wissenschaft gar nicht entstehn. Deshalb sind alle scholastische Systeme auf subjectiv-unbefugte Weise behauptend, dogmatisch-transscendent. — Zugleich aber wurden durch die Anerkenntniss Gottes, als des Principes und Inhaltes der Wissenschaft, alle mit selbiger streitende einseitige und grundirrige Systeme ausgeschlossen, zum Beispiel das epikurische atomistische, und das sensualistische, sowie das einseitige idealistische System. Ueber die Grenze der wissenschaftlichen Speculation hinaus eröffnete sich den mittelalterlichen Denkern das Gebiet der gottinnigen, beschaulichen (contemplativen) Mystik, welche, wenn sie sich

---

*) So urtheilt auch Tennemann in dem Systeme der platonischen Philosophie (B. 1, S. 149).

besonnen im Reiche der Vernunftahnung hält, keineswegs schwärmerisch ist. Einer der vorzüglichsten mystischen Philosophen des Mittelalters ist Jo. Gerson; er hielt die Philosophie auch für wesentlich zur Frömmigkeit, drang aber auf Glauben und Liebe und auf thätiges Christenthum. — Auch in der Naturwissenschaft, in der philosophischen sowohl, als in allen Theilen der empirischen, zeichnen sich die Urdenker des Mittelalters aus*).

Das erste philosophische System des Mittelalters bildete Joannes Scotus Erigena, der im Jahre 886 starb; es ist eine Erneuerung des Neoplatonismus im Vereine mit den Grundlehren der christlichen Kirche und zeugt von tiefem Selbstdenken; es ist ebensosehr dialektisch, als mystisch. Die Hauptlehre dieses Systemes ist: „Gott ist die Wesenheit aller Dinge; alle Dinge gehen aus der Fülle Gottes hervor und kehren dahin zurück. Philosophie ist die Wissenschaft von dem Grunde aller Dinge. Es ist keine andere Philosophie, als die der Religion, welche mit der christlichen Religion übereinstimmt. Philosophie ist Gotterkenntniss. Alles, was ist, ist insofern eine Natur." „Videtur mihi divisio naturae per quatuor differentias quatuor species recipere, quarum prima est, quae creat nec creatur; secunda, quae creatur et creat; tertia, quae creatur nec creat; et quarta denique, quae neque creatur nec creat." Von diesen stehe die dritte der ersten, die vierte der zweiten entgegen. „Sed et prima et quarta coincidunt, cum natura divina aeque dici possit creatrix, quae non creatur, prout est in se; quam etiam nec creatrix, nec creata, quatenus neque extra se ipsam, ut est infinita, unquam prodit, nec etiam aliquando erat, quando in se et a se ipsa non erat." Damit scheint zu streiten (nach Krug, philosophisches Lexikon, voce Erigena, S. 703), was Erigena anderwärts sagt: „quarta igitur inter impossibilia ponitur, cujus differentia est, non posse esse." Dies aber ist wahr, sofern vom Endlichen die Rede ist, vom endlichen Ewigen, oder Zeitlichen.

„Gott aber ist die Natur, die erschafft, und die allein nicht erschaffen wird. Gott ist Alles, was wahrhaft ist; denn Gott selbst macht Alles und wird in Allem (quoniam Deus facit omnia, et fit in omnibus). Gott erkennt alle Dinge in der Idee; Gott weiss sich selbst ganz, und dass er nichts Endliches ist."

„Absit autem, ut Deum dicamus se ipsum ignorare, quo-

---

*) Das tiefsinnige Werk des Scholastikers Suishead, betitelt: Calculator, ist ein hochachtbarer Versuch dynamischer Naturphilosophie, wie auch Leibnitz urtheilte; und es verdiente eine neue Herausgabe, um so mehr, da es so selten ist.

niam ignorat, quid sit; nam hoc ipso immediate scit, se ipsum esse super omne quid, adeoque esse infinitum, adeo ut etiam in hac specie divinae ignorantiae pulcherrima reluceat sapientia."

Kritik. Dies ist ungenau geredet; es hätte das Wort: ignorantia nicht gebraucht werden sollen. Denn „scire se non esse quid" ist nicht einerlei mit: „nescire se esse quid", nicht einmal mit: „non scire se esse quid." Und dann ist hier ein Missbrauch gemacht von der Unbestimmtheit des Wortes: quid, welches sowohl infinitum, als auch infinita bezeichnen kann.

„Gott weiss ferner, dass er über Allem ist, tiefer, als Alles und im Innern von Allem (intra omnia), und dass er Alles umgiebt (ambit); denn in ihm und durch ihn ist Alles, und ausser ihm ist Nichts. Die Ideen des göttlichen Verstandes sind die Ursachen (causae primordiales, $\iota\delta\acute{\epsilon}\alpha\iota\ \pi\varrho\omega\tau\acute{o}\tau\upsilon\pi\iota$, $\vartheta\epsilon\tilde{\iota}\alpha\ \vartheta\epsilon\lambda\acute{\eta}\mu\alpha\tau\alpha$) aller Dinge." Bei dieser Lehre bezieht sich Scotus Erigena ausdrücklich auf die griechische Philosophie. „Die Welt ist ein ewiges Werk der ewigen göttlichen Verursachung; und was in der Zeit als Endliches entsteht, war, ehe es in der Zeit ist, Leben in Gott (in Deo vita erant), nach seinen ewigen Hauptursachen und Gründen (in principalibus scilicet causis et rationibus suis aeternis). Raum und Zeit sind Nichts an und für sich selbst, sondern nur Eigenschaften der endlichen und änderlichen Dinge. Sofern wir Gott nicht fassen können, ist Gott für uns ein Nichts (nihilum pro nobis, $\mu\grave{\eta}\ \ddot{o}\nu\ \varkappa\alpha\vartheta'\ \dot{\eta}\mu\tilde{\alpha}\varsigma$); aber Gott wird uns offenbar in jedem Wesentlichen (in omni essentia) und in dem Leben aller Dinge als in seinen wesenhaften Erscheinungen (theophaniis s. divinis apparitionibus); und jede sichtbare, oder unsichtbare Kreatur kann eine wahrhafte Erscheinung Gottes genannt werden."

„Omne enim, quod intelligitur et sentitur, nihil aliud est, nisi non-apparentis apparitio, occulti manifestatio etc."

In folgender Lehre stimmt Scotus Erigena fast wörtlich mit den Vedam und mit der Vedanta-Philosophie überein. „Nichts von dem, was ist, und was nicht ist, ist Gott, zu welchem Niemand nahen kann, wenn er nicht zuvor mit festem Geiste (firmata mente) alle Sinne und alle Verrichtungen des Geistes und alles Sinnliche (sensibilia) und überhaupt Alles, was ist, und was nicht ist, ganz verlässt und also, wie es möglich ist, zu der Einheit dessen hergestellt wird, der über aller Wesenheit und über allem Erkenntnissvermögen (intelligentia) ist." Weiter lehrt Scotus Erigena: „Gott, sofern er Alles schafft und über Allem waltet, ist und bleibt ewig über Allem, als Ueberwesen oder Urwesen, in seiner Urwesenheit, Urlebenheit, Urgeistigkeit (in sua superessentialitate, supervitalitate, superintellectualitate). Aber alle erschaffene Wesen kehren zuletzt in ihren Ursprung, in das ungeschaffene Wesen, zurück, d. i. sie werden in ihrer vergottähnlichten Eigenlebheit (Individualität), als eigenlebige persönliche Wesen, in Gott als Urwesen aufgenommen; — dann wird Gott Alles in Allem sein. Aber auch jetzt schon, und zu jeder Zeit, ist und war Gott Alles in Allem, weil er wesentlich und allein auch Alles und in Allem ist, denn Gott selbst ist Alles, was irgendwo und irgendwann in einem wirklichen Sein ist; — nur mit dem Unterschiede, dass jetzt nicht alle Menschen dieses einsehn, dann aber es alle ihre Vernunft Gebrauchende und von Gott Erleuchtete zu ihrem Heil einsehen werden. — Auch der menschliche Verstand stammt unmittelbar von Gott; wenn der menschliche Verstand sich selbst nicht versteht, so versteht er Gott nicht, der der Verstand Aller ist (qui intellectus omnium est). Wer aber Gott nicht versteht, d. i. erkennt, der versteht auch sich selbst nicht vollkommen."

Ueber die Freiheit des menschlichen Willens lehrt er: „des Menschen Wille zum Guten und Bösen, seine Tugend, oder seine Untugend ist von Gott der Möglichkeit nach vorausbestimmt, doch so, dass der Zeitwirklichkeit nach der Mensch sich mit Freiheit selbst bestimmt."

Nach Scotus Erigena ist also Philosophie die Erkenntniss Gottes, und unmittelbar dadurch auch der Welt als in und durch Gott; welche Erkenntniss gefunden und gebildet wird in und mit dem reinen menschlichen Verstande, der sich selbst im göttlichen Verstande erkennt; und mit der geoffenbarten Gotterkenntniss der christlichen Kirche übereinstimmt.

Zunächst verdienen hier bemerkt zu werden: Gerbert von Aurillac, der unter dem Namen Sylvester II. (999—1003) Papst wurde, Lehrer Kaisers Otto III.; er hatte in Spanien zu Sevilla und Cordoba Mathesis und die aristotelisch-arabische Philosophie studirt und diese Kenntnisse in Frankreich verbreitet.

Berengarius von Tours (Turonensis), Lehrer an der philosophischen Schule zu Tours; freisinniger, als andere Denker der damaligen Zeit, bestritt er das Dogma von der Transsubstantiation gegen Lanfrank und wurde deshalb verketzert und verfolgt. Alanus ab insulis (Rixner S. 71).

Petrus Damianus, aus Ravenna, starb 1072, der vertraute Freund des Papstes Gregor VII., bestritt und besiegte angeblich den Berengar, beförderte aber das Studium der Dialektik und die Anwendung derselben auf die Theologie.

Lanfrank, geboren zu Pavia 1005, starb, als Erzbischof von Canterbury, 1072. Er empfahl ebenfalls die Dialektik, be-

förderte aber damit die Abhangigkeit der Philosophie von der päpstlichen Kirchenlehre; auch er bestritt den Berengar. Ausgezeichneter ist dessen Schüler und Nachfolger Anselm, dessen System nächst dem des Joannes Scotus Erigena hier dargestellt zu werden verdient *).
Er war geboren im Jahre 1034 und starb im Jahre 1109 als Erzbischof von Canterbury. Tiefsinn, Scharfsinn und dialektische Kunstfertigkeit zeichnen diesen Denker aus. Er erkannte die Wichtigkeit einer reinen Religionphilosophie und legte den Grund zu einem vollständigen Systeme der Metaphysik und Theologie. Man nannte ihn den zweiten Augustinus. Folgende sind die Grundzüge seiner Lehre. „Es ist ein höchstes Seiende oder Wesen; das Höchste, über welches es ein Grösseres nicht giebt (ens summum, quo majus cogitari nequit), und es ist nothwendig das Beste, Grösste, Schönste." — Es ist offenbar, dass in dieser Anerkenntniss Gottes die Kategorie der Ganzheit und der Fassheit (siehe Grundwahrheiten, S. 159 f.; 2. Aufl., S. 225 f.) vorwaltet, und dass dabei die Grossheit und die Stufheit nicht bestimmt unterschieden werden. — „Dadurch ist alles andere Gute, Schöne und Grosse da. Das höchste Wesen ist nur Eines und kann nur Eines sein. Es ist durch sich selbst das allervollkommenste Wesen. Es kann aber nur dann und nur so als das allervollkommenste Wesen gedacht werden, wenn es gedacht wird als nicht bloss so gedachtes, sondern auch als so daseiendes (existirendes) Wesen: folglich ist das allervollkommenste Wesen wirklich." Ausführlicher, getreuer an Anselmus' Worte sich haltend, kann man diese Schlussfolge so ausdrücken. „Es ist im menschlichen Geiste der Gedanke Eines grössten Wesens, in Ansehung dessen nichts Grösseres, Wesenheitlicheres gedacht werden kann; und diesen Gedanken versteht und fasst Jeder, der nachdenkt. Aber dieses Grösste, Vollwesentliche ist nicht bloss im Verstande, sondern an sich selbst da: denn ausserdem würde etwas Grösseres, d. i. Wesenhafteres, gedacht werden können, nämlich ein solches, das sowohl im Verstande, als auch an sich selbst dawäre. Es ist also ohne Zweifel ein Wesen da, welches das Grösste ist, im Verstande und an sich selbst. Dieses Wesen ist aber so da, dass nicht einmal gedacht werden kann, es sei nicht da: denn, wäre Letzteres möglich, so könnte ein Höheres, Wesenhafteres gedacht werden, das nämlich, von dem nicht zu denken wäre, dass es nicht dasei." Diese Gedankenreihe von der unbedingt gewissen Daseinheit Gottes ist der vorwaltende Lichtpunkt, gleich-

---

*) Vergl. des James von Salisbury Schrift de vita Anselmi; sie findet sich in Wharton's Anglia sacra P. II, p. 149 ss.

sam der Silberblick der ganzen Wissenschaftforschung des Mittelalters und gegen das platonische, das aristotelische und das neoplatonische System, sowie auch gegen alle frühere mittelalterlichen Systeme, ein grundwesentlicher Fortschritt in die Tiefe der Erkenntniss der Grundwesenheiten Gottes. Der Hauptpunkt dieser Gedankenreihe ist aber, dass Anselmus einsah, hinsichts des Gedankens: Gott finde die Frage nach der objectiven Gültigkeit nicht statt, weil Daseinheit nur eine einzelne Theilwesenheit der Wesenheit Gottes ist, mithin unbedingte Daseinheit in dem Gedanken: Gott schon mitgedacht ist, — dies ist ein Hauptpunkt, von dem selbst Kant sich nicht überzeugen konnte. Nur in der Form ist diese Gedankenreihe des Anselmus verfehlt, darin, dass anscheinend dabei in Form eines Schlusses gefolgert wird, und dass sie ein Beweis (demonstratio) des Daseins Gottes sein soll, da doch die Erkenntniss und die Anerkenntniss Gottes durchaus selbwesentlich (absolut), unmittelbar und von keiner Erkenntniss abhängig ist; und da mithin alles Bemühn, sie zu vermitteln, durch etwas Anderes herbeizuführen, oder zu begründen, eitel, leer und vergeblich ist; und da es eben darauf ankommt, dies von der Wesenheit Wesens selbst einzusehen, damit dann auch, mittelst der unbedingten Erkenntniss und Anerkenntniss der Wesenheit (essentia) Wesens, auch die Seinheit Wesens, als an der Wesenheit gesetzte Grundwesenheit, erkannt und anerkannt werden könne. Dieser sogenannte Beweis des Anselmus vom Dasein Gottes ist also vielmehr eine zur Wiedererinnerung an die unbedingte Erkenntniss anleitende und hinanleitende (analytische) Rechenschaft, welche sich der endliche Geist in Ansehung seines Gedankens: Gott ablegt über das Verhältniss der Seinheit als Grundwesenheit an der Wesenheit, wonach ein Jeder, der die Wesenheit Wesens erkennt und anerkennt, auch Wesens Seinheit oder Daseinheit erkennen kann und dann anerkennen muss. Nur dadurch, dass Wesen selbst nach seiner ganzen Wesenheit an sich selbst, unmittelbar, und über der und ohne die Form des Schlussbeweises, erkannt und anerkannt ist, erhält erst auch des Anselmus Gedankenreihe überzeugende Kraft *) — Weiter lehrt Anselmus: „Gott hat die Allheit aller sichtbaren und unsichtbaren Dinge durch sich selbst hervorgebracht und geordnet; die Form der Dinge, d. i. die Ideen der Dinge, in

---

*) Das wesentliche Verhältniss der Seinheit Wesens an der Wesenheit Wesens ist schon in den Grundwahrheiten (S. 164 f. und S. 195 f.; 2. Aufl. S. 189 f. und S. 225 f.) ausgesprochen, aber wissenschaftlich entwickelt findet es sich in den Vorlesungen über das System der Philosophie 1828 (S. 373 f. und S. 414 f.; 2. Aufl. II. S. 28 f. und S. 86 f.)

der göttlichen Erkenntniss geht auf ewige Weise ihrer Schöpfung voraus, als das innere, ewige Wort des göttlichen Geistes: — in Gottes Erkenntniss ist Alles, was in der Zeit wird, von Ewigkeit da. Gott allein hat durch sich selbst Leben und Kraft und schafft und erhält Leben und Kraft aller Dinge in allen Dingen. Aus der göttlichen Wesenheit, durch sie und in ihr, ist Alles, was ist; sie selbst aber ist nicht in Raum und Zeit eingeschlossen, ob sie gleich überall und in aller Zeit daist. Die göttliche Wesenheit ist ganz Geist, an sich selbst ein wahrhaftes, gerechtes, seliges, ewiges Leben."

„Die Materie, die Grundlage der Körperwelt, ist weder aus sich, noch aus Gott, sondern Gott hat sie aus Nichts hervorgebracht. Die göttliche Vernunft ist mit Gott selbst eins, obgleich in ihm, als Vernunft, unterschieden; — durch das göttliche Wort aber entstand die Schöpfung und bestehn alle Dinge. Gott enthält drei Wesenheiten, die ansich seine Eine Wesenheit sind: sich selbst als Gott, dann die göttliche Vernunft, durch welche alle Dinge sind, und drittens die göttliche Vernunft, durch welche sie erhalten werden."

„Der vernünftige Geist ist unsterblich, für die Ewigkeit geschaffen, auf dass er Gottes eingedenk sei, dass er Gott erkenne und liebe. Dies ist das ewige und selige Leben des Geistes; diese Bestimmung nicht erfüllen aber wäre sein ewiges und immerwährendes Elend". — Den rein gottinnigen und zugleich rein vernunftinnigen Geist der scholastischen Wissenschaftforschung giebt Anselmus in folgendem Ausspruche zu erkennen. „Es scheint mir Vernachlässigung (negligentiae esse) zu sein, wenn wir, nachdem wir im Glauben bestätigt worden sind, uns nicht befleissigen, das, was wir glauben, zu verstehen (intelligere)". — Nach Anselmus ist mithin die Philosophie die reinvernünftige Erkenntniss der Wesenheit und der Daseinheit Gottes, dass Alles aus, in und durch Gott ist, und dass es die Bestimmung des Menschen ist, Gott zu erkennen, und in Tugend Gott nachzuahmen.

Thomas von Aquino, geboren im Jahre 1234, Albert's d. Gr. Schüler und Ordensgenosse, doctor universalis und angelicus genannt, trat im 19ten Jahre, wider Willen seiner Familie, zu Paris in den Dominikaner-Orden, lehrte in Paris, Bologna, Rom und Neapel und starb im Jahre 1274 auf der Reise zur Lyoner Kirchenversammlung, wahrscheinlich an Gift, und wurde im Jahre 1323 heilig gesprochen. Er schrieb Commentarien über die gesammten Werke des Aristoteles, über die Sententiae des Petrus Lombardus und über einige Bücher der heiligen Schrift, seine Summa theologiae, von der hernach die Rede sein wird, und gelegenheitliche Disputationen und Abhandlungen (quaestiones quodlibetales). Seine sämmtlichen Werke machen in der römischen Ausgabe, 1570 f., 18 Foliobände aus und in der noch vollständigeren Pariser, 1636—1643, 23 Foliobände.

Fast zweihundert Jahre nach Anselmus bildete Thomas von Aquino ein noch ausführlicheres und sehr eigenthümliches System der Wissenschaft aus. Er kannte die Schriften des Aristoteles aufs Genaueste, veranstaltete eine Uebersetzung derselben und schrieb über mehre davon eine Erklärung. Doch auch Platon's System, sowie das der Neoplatoniker waren ihm wohlbekannt, auch das des Augustinus, und die Schriften mehrer arabischer Philosophen, wie dieses die häufig in seinen Schriften angeführten Stellen bezeugen. Er war bestrebt, das platonische und das aristotelische System, besonders in Ansehung der Lehre vom Erkennen, in Einklang zu bringen; vor allem aber: Theologie und Philosophie wesenhaft zu vereinigen. Ein Grundzug seines wissenschaftlichen Denkens ist daher sein tiefer, inniger Sinn für Ideen und zugleich für das Eigenlebliche, Individuelle, als solches, und für die Vereinbeziehung der Ideen und des Eigenleblichen. Er nahm ein Princip der Individuation, d. i. der unendlichen und stetwerdenden Bestimmtheit in der Zeit, an*). Die Frucht seines Hauptbestrebens, die Theologie als Wissenschaft zu gestalten, ist sein grosses, leider nicht ganz vollendetes, Werk: Summa theologiae. Diese Schrift ist ein vollständiges System der Theologie, welches auch Ethik und Philosophie des Rechts umfasst; und überhaupt ist es zugleich ein System der ganzen Philosophie im Geiste des Mittelalters; und sowie Thomas als ein zweiter Augustinus betrachtet wird, so erscheint auch seine Summe der Theologie als der Schrift des Augustinus vom Staate Gottes in höherer Ausbildung vergleichbar. Seine Lehre, welche hauptsächlich in dieser Summe der Theologie enthalten ist, blieb an fünf Jahrhunderte lang und ist in der katholischen Kirche noch jetzt in vorwaltendem Ansehen, sowie die Grundlage des theologischen und philosophischen Unterrichtes in der katholischen Kirche, und er selbst wird noch jetzt für einen der ersten heiligen Kirchenlehrer gehalten**). — Folgende sind die

---

*) Dieses Princip führte Suarez, der im Jahre 1617 starb, noch weiter aus und wandte es noch weiter an.

**) Thomas von Aquino hat sich auch um die Liturgie der katholischen Kirche verdient gemacht; er war auch religiöser Dichter. Die noch jetzt gebräuchliche Liturgie der Messe des Frohnleichnamfestes und die berühmte Hymne: Pange, lingua, gloriosi corporis mysterium, hat er auf Befehl des Papstes ausgearbeitet. Der Kirche schrieb er das Recht zu, verhärtete Ketzer zum Tode zu bringen.

Hauptlehren des thomistischen Systemes. — „Gott ist da, weil ohne diese Annahme keine Wahrheit ist: denn, ist Gott nicht, so ist es wahr, dass es keine Wahrheit giebt; welches sich widerspricht. Dass Gott ist, ist aber an sich selbst und durch sich selbst offenbar für die, die es unmittelbar einsehen. — Gott ist einfach; das erste nothwendig Seiende, — vollkommen reine Wirklichkeit, zugleich das Urgute und Urschöne selbst. Gott ertheilt allem Bestehenden Bestand; in den vernünftigen Wesen aber, die ihn erkennen und lieben, ist er noch überdies der Erkannte in dem Erkennenden und der Ersehnte in dem sich Sehnenden. Alles, was ist, ist von Gott und durch Gott; alle Dinge sind des göttlichen Seins auf verschiedene mehr, oder minder vollkommene Weise theilhaftig. Weder die Ewigkeit, noch die zeitliche Entstehung der Welt lässt sich beweisen. Alle Geschöpfe sind in bestimmter Ordnung und Stufenfolge das Weltall. Gott aber ist der Sachgrund alles Seins, der unbedingte Grund der Wahrheit und der Erkenntniss, das absolute Urbild der Vollkommenheit und das höchste Gut. — Die Forderung aber, dass das Weltall alle Möglichkeiten, alle Stufen der Wesen und des Lebens darstelle, bringt auch die Möglichkeit des Bösen mit sich; doch Gott selbst ist nie durch einen Willen-Act Urheber des Bösen; sondern bloss aus demselben Grunde, als das Gute, musste auch von Gott zugleich das Böse als möglich mitgesetzt sein. Das Böse ist übrigens nicht blosse Verneinung des Guten, sondern etwas Wesenheitwidriges, das hinzukommt. — Des Menschen Seele ist unsterblich; ihr Verstand erstrebt das an sich Wahre, ihr Wille das an sich Gute. Die Freiheit des Menschen besteht darin, dass er nur dasjenige Gute versteht, was er verstehn will; dass er sich zu Erforschung der Wahrheit hinlenken, aber auch davon ablenken kann; dann zunächst darin, dass er sich die Idee des höchsten Gutes, und die Mittel dazu, jedesmal nach seiner Individualität weiterbestimmt. Gegenstandlich ist Gott das höchste Ziel des Menschen, — als das höchste Gut; aber für sein Gemüth ist es die Religiosität, die Gottinnigkeit, — der Genuss Gottes, d. i. die Seligkeit. Die Rechtheit (rectitudo) des Willens, wonach selbiger lediglich nach Gott hin gerichtet ist, ist für den Menschen die innere Grundbedingung zur Seligkeit. Daher beginnt für den Menschen die Seligkeit, sobald derselbe nichts Anderes will, als was Gott will, sobald er seinen besonderen Willen dem allgemeinen göttlichen Willen unterwirft und jedes Einzelgut (bonum particulare) zu dem Allgemeinguten (bonum universale) bezieht. — Gott regiert die Welt nach der Vorschrift des allgemeinen Besten, d. i. nach dem göttlichen Naturgesetze. Auch alle menschlichen Gesetze sollen richtige Anwendungen desselben göttlichen Gesetzes sein; — menschliche Gesetze können indess nur auf äussere Handlungen, nimmermehr auf innere Beweggründe und Gesinnungen, gehn. Ein Gesetz wird befolgt entweder bloss dem Inhalte nach, materiell, in blosser, äusserlicher Gesetzlichkeit oder Legalität, oder auch zugleich der Form nach, aus Achtung und Liebe für den Gesetzgeber, als aus dem echten Beweggrunde. Das äussere menschliche Recht richtet nur über die Handlung und über den äusserlich ausgesprochnen Beweggrund; Gott allein aber richtet die Gesinnung. Der Mensch kann nur als geselliges Wesen vollendet ausgebildet werden, und für die Gesellschaft ist eine Regierung nöthig. Die echte und gerechte Regierung beabsichtiget bloss das allgemeine Beste, nicht den Vortheil des Herrschenden; — dann giebt es Bürger, im entgegengesetzten Falle nur Knechte. Der Bürgerverein ist um so vollkommner, jemehr er Allen und Jeden die wesentlichen äusseren Bedingungen eines wahrhaft menschlichen Lebens darreicht; und die Regierung ist um so besser, jemehr sie, eine friedliche Einheit zu bewirken und zu erhalten, vermag; jemehr sie, die Kräfte aller Bürger zum allgemeinen Besten vereint hinzulenken, versteht, und je vollkommner sie die äusseren Bedingungen zu einem wahrhaft menschlichen Leben herstellt. Wenn ein Tyrann durch öffentliche Gewalt (auctoritate publicā) vertrieben wird, indem die Gesammtheit der Bürger den die Gewalt Missbrauchenden verlässt, — so wird keine Untreue begangen". Man sieht unter Andern hieraus, dass dieser Denker sich auch über Recht und Staat nicht in jener Finsterniss befunden hat, welche man den Philosophen des Mittelalters anzudichten pflegt.

Thomas blieb lange der Hauptlehrer der speculativen Theologie. Zu den Thomisten gehörten besonders der Dominikaner- und der Jesuitenordenorden.

Joannes Duns Scotus soll zu Dunston ums Jahr 1270 geboren worden sein; er starb im Jahre 1308 zu Cöln im 38ten Lebenjahre, nach Anderen im 63ten. Er soll, in einer Entzückung liegend, lebendig begraben worden sein, wovon aber gleichzeitige Schriftsteller Nichts sagen. Er trat sehr jung in den Franziskaner- oder Minoritenorden ein, später studierte er Philosophie, Mathematik, Theologie und Jurisprudenz in Oxford und lehrte dann daselbst mit grossem Beifall. Im Jahre 1304 schickten ihn die Ordensobern nach Paris, wo er als Lehrer, und zwar als Gegner des Thomas von Aquino und des Bonaventura, auftrat. Er lehrte zuletzt einige Monate in Cöln am Rhein, wo ihm im Jahre 1308 Rath und Bürgerschaft in Prozession entgegenzogen. Er soll nach und nach an 30000 Zuhörer gehabt haben. Wegen der

Feinheit seiner Gedanken erhielt er den Titel: doctor subtilis. Seine sämmtlichen Schriften machen nach der Sammlung von Wadding in der Lyoner Ausgabe, 1632, 12 Foliobände aus. Er schrieb zweierlei Commentare zum Magister sententiarum, auch einen Commentar über Aristoteles, einzelne Abhandlungen und eine Sammlung vermischter Disputationen, Quodlibeta genannt.

Bald nach Thomas von Aquino entwickelte Duns Scotus sein tiefsinniges und scharfsinniges System, welches in vielen Lehren dem des Ersteren entgegengesetzt ist. Bei ihm finden sich die feinsten Unterscheidungen (Distinctionen), und seine Wissenschaftsprache ist ebenfalls die am feinsten und reichsten ausgebildete im Vergleich mit der Sprache aller andern Scholastiker. Er war zugleich auch Mathematiker. — Schon die folgende kurze Darlegung der Hauptlehren dieses Philosophen wird zeigen, dass man ihn mit Unrecht bloss als den Urheber unfruchtbarer, spitzfindiger Grübeleien betrachtet. „Der nächste Zweck der Philosophie ist", nach Duns Scotus, „die Erforschung der Wesenheit der Dinge (nosse omnium entium naturam, quod quid est)".

„Alle Dinge beziehen sich auf ihr unerschaffenes Muster (exemplar) im göttlichen Verstande (idea mentis divinae); die Uebereinstimmung damit giebt allein ganze, untrügliche Wahrheit". „Das allgemeine Bild der Dinge aber, welches durch die Dinge selbst im endlichen Verstande geweckt wird, ist nur das erschaffene Muster." Hiebei bezieht sich Duns Scotus ausdrücklich auf das platonische Gespräch Timäos. Die Sinne beziehen sich nur auf die geschaffenen Muster und geben daher zur echten Erkenntniss nur Veranlassung. Die Gewissheit aller Erkenntniss, auch der Erfahrung-Erkenntniss, hangt von ewigen Principien ab. Da nun diese ewigen Principien, als ewige Wahrheiten, Folgen des dem Menschen angebornen, unerschaffenen Lichtes sind: so sind alle reine, echte Wahrheiten (veritates sincerae) im ewigen Lichte erkannt, welches das erste Princip aller rein-erkennbaren Dinge ist." (Rixner, Geschichte der Philosophie 1829, Bd. II, S. 121 n. 7)

„Jedes Ding hat Wesenheit und Formheit; die Wesenheit enthält, was es ist, quiditas, und die Formheit, wie es dies ist. Aber die Wesenheit ist Artheit (qualitas), Selbheit (identitas) und Grossheit (quantitas), und zwar mit bestimmter Daseinheit (modus existendi)." Er kam also der wahren Ordnung der Kategorien näher, als Aristoteles und Kant. Als Realist behauptete er: „das Allgemeine sei nicht bloss der Möglichkeit (potentiä), sondern auch der Wirklichkeit nach (actu) in den Dingen, und es werde daher auch das Allgemeine dem Verstande als Realität gegeben. Das Allgemeine sei die Sachheit (realitas) selbst, indifferent gegen das Allgemeinsein und gegen das Einzelsein. Die Einzelheit ist die Diesesheit (haecceitas), welche zu der allgemeinen Quidität hinzukommt." In Ansehung Gottes und der Welt sind folgende seine Hauptlehren. Er bemühte sich, den kosmologischen Beweis bündig zu machen, und die Grundwesenheiten Gottes wissenschaftlich zu erkennen. „Das reale Wesen (substantia metaphysica) ist weder schlechthin bloss unendlich, noch bloss endlich, weder bloss allgemein, noch bloss individuell, sondern es ist der Wesenheit nach eher (naturā prior), als jede dieser bestimmten Wesenheiten, als die einfache, reine Quiditas. Die Einheit der Wesenheit ist von der Einheit der Zahl unterschieden."

„Alle Verschiedenheit ist nur da in der Einheit und ist auch nur in der Einheit zu erkennen. Gott, als das vollkommenste Wesen, ist die erste, unbedingte Ursache alles Seienden; der Geist und der Wille Gottes ist mit seiner Wesenheit eins; Gott ist allmächtig, allgegenwärtig, allweise. Der Begriff: Gott ist höher und vollkommner, als der der blossen Unendlichkeit. Gott ist Einheit der Wesenheit, dann Einheit in der Gleichheit aller seiner Eigenschaften oder Attribute, die in der Wesenheit enthalten sind, und Einheit der Einfachheit. Die Einheit und Einfachheit der Geschöpfe besteht in der Realität, d. i. in der Sachheit oder Wirklichkeit, die mit Verneinheit (privatio, negatio) behaftet ist; dagegen die Einheit und Einfachheit Gottes reine Realität oder Sachheit ist, ohne alle Verneinheit."

„Gott verursacht alle Dinge durch seinen freien Willen (voluntate gratuitā). Die Freiheit Gottes, als Gottes subjectiver Wille, ist auch das Princip der Sittlichkeit, aber die endlichen Geister sind dabei wesentlich frei", — er war also Indeterminist. — „Gott verursacht die Welt zwar aus Nichts, aber auf ewige, nicht auf zeitliche Weise, nicht mit Zeitanfang. Die ganze Welt ist von Gott verursacht und geordnet, wie ein schöner Baum; dessen Wurzel und Same die materia primo-prima, die verwelklichen Blätter (folia defluentia) die Accidentia sind; die Zweige und Aeste die verschiedenen Gattungen und Arten der sterblichen Geschöpfe; die Blüthen die vernünftigen Seelen, und die vollkommenste Frucht der Natur die der göttlichen Vollkommenheit nächste eines reinen Geistes ist. (S. Rixner l. c., S. 125 n. 10.) Die Welt ist als ein Kunstwerk (per modum effectivae et expressivae artis) zu betrachten, das nach ewigen und unendlichen Ideen geordnet ist. Alles Mögliche wird gesetzmässig wirklich: alle Bildung geht vom einfachen, unbestimmten Bestimmbaren zum vielfachen, bestimmten Vollendeten fort. Der menschliche Leib ist unter allen Naturwerken das vollkommenste; und die Seele ist als ein freies Wesen mit dem Leibe verbunden. Der Mensch ist das Mittelglied, welches die äussere Natur mit der rein geistigen oder englischen Natur, mit der Vernunft, in Eins verbindet. Die Seele erkennt sich selbst und entwirft von sich ein geistiges Bild, welches sie anschaut und begreift; sie erkennt der Zeit nach früher sich selbst, der Wesenheit nach aber erkennt sie früher Gott. Der Wille der Seele ist frei auf das Gute gerichtet; der Wille selbst aber ist nur dann gut, wenn er dem göttlichen Willen gemäss ist hinsichts des Beweggrundes und selbst der Innigkeit nach; böse aber ist der Wille, wenn er durch Leidenschaft, oder Irrthum in Widerstreit mit dem göttlichen Willen sich befindet. Die nothwendigen Erkenntnisse gehen allem Wollen voran und sind vom Wollen unabhängig."

Zu der Freiheit des Willens gehört wesentlich, „dass, indem er Eines der Entgegengesetzten will, er auch das Andere (freilich nicht zugleich) ohne Widerspruch wollen möchte". Man sieht daraus, dass Duns Scotus einsah, dass der Wille ursprünglich frei zwischen Gutem und Gutem wählt. „Die einzige nothwendige Bedingniss des höchsten Endzweckes des Menschen, — der Seligkeit, ist reine Liebe zu Gott, als dem vollkommensten Wesen. Die Unsterblichkeit der Seele lässt sich in reiner Vernunft (vi naturalis rationis) nicht erweisen".

Verzeichniss

sämmtlicher bis jetzt erschienenen philosophischen, mathematischen und geschichtlichen Schriften Krause's.

A.
Bei Lebzeiten des Verfassers erschienen:

1. **Dissertatio philosophico-mathematica** de Philosophiae et Matheseos notione et earum intima conjunctione, Jenae, apud Voigtium. 1802. (Vgl. C. No. 17.)   6 Gr.

2. **Grundlage des Naturrechts**, oder philosophischer Grundriss der Ideales des Rechts. Erste Abtheilung. Jena, 1803, bei Gabler (Cnobloch.) (Vgl. S. 107.)   1 Thlr.

3. **Grundriss der historischen Logik für Vorlesungen**, nebst zwei Kupfertafeln, worauf die Verhältnisse der Begriffe und der Schlüsse combinatorisch vollständig dargestellt sind. Jena, bei Gabler, 1803. (Cnobloch.)   1 Thlr. 12 Gr.

4. **Grundlage eines philosophischen Systemes der Mathematik**; erster Theil, enthaltend eine Abhandlung über den Begriff und die Eintheilung der Mathematik, und der Arithmetik erste Abtheilung; zum Selbstunterrichte und zum Gebrauche bei Vorlesungen, mit 2 Kupfertafeln. Jena und Leipzig, bei Gabler, 1804. (Cnobloch.)   1 Thlr. 6 Gr.

5. **Factoren- und Primzahlentafeln**, von 1 bis 100 000 neuberechnet und zweckmässig eingerichtet, nebst einer Gebrauchsanleitung und Abhandlung der Lehre von Faktoren und Primzahlen, worin diese Lehre nach einer neuen Methode abgehandelt, und die Frage über das Gesetz der Primzahlenreihe entschieden ist. Jena und Leipzig, bei Gabler (jetzt b. Cnobloch) 1804. 1 Thlr. 6 Gr.

6. **Entwurf des Systemes der Philosophie**: erste Abtheilung, enthaltend die allgemeine Philosophie, nebst einer Anleitung zur Naturphilosophie. Für Vorlesungen. Jena und Leipzig, 1804. (Die zweite Abtheilung sollte die Philosophie der Vernunft oder des Geistes, die dritte die Philosophie der Menschheit enthalten.) (Später b. Cnobloch.)   15 Gr.

7. **Die drei ältesten Kunsturkunden der Freimaurerbrüderschaft**, mitgetheilt, bearbeitet und durch eine Darstellung des Wesens und der Bestimmung der Freimaurerei und der Freimaurerbrüderschaft, sowie durch mehre liturgische Versuche erläutert

vom *Br. Krause.* Erster Band. Dresden 1810 (596 und LXVIII Seiten, mit 3 Kupfertafeln). Desselben Werkes zweiter Band, enthaltend die geschichtlichen Belege und erläuternden Abhandlungen zu den drei ältesten Kunsturkunden. Dresden, 1813. (343 und XXX Seiten.) Beide Bände zusammen kosteten 7 Thlr. 12 Gr., der zweite Band allein 3 Thlr. 12 Gr. Eine zweite, um das Doppelte (u. a. mit dem Lehrlingsritual des neuenglischen Zweiges der Brüderschaft, sowie mit einigen andern Kunsturkunden und Abhandlungen) vermehrte Auflage in zwei Bänden oder vier Abtheilungen erschien 1819—1821 zu Dresden im Verlage der Arnold'schen Buchhandlung. 10 Thlr.

8. **Geschichte der Freimaurerei**, aus authentischen Quellen, nebst einem Berichte über die grosse Loge in Schottland, von ihrer Stiftung bis auf die gegenwärtige Zeit und einem Anhange von Originalpapieren. Edinburg, durch *Alexander Lawrie*, übersetzt von *D. Burkhard*, mit erklärenden, berichtigenden und erweiternden Anmerkungen und einer Vorrede von *D. Krause*, Freiberg bei Craz und Gerlach, 1810. 1 Thlr. 16 Gr.

9. **System der Sittenlehre;** 1. Band, wissenschaftliche Begründung der Sittenlehre. Leipzig bei Reclam, 1810. (Vgl. C No. 14.) 2 Thlr.

10. **Tagblatt des Menschheitlebens**; erster Vierteljahrgang 1811. Dresden in der Arnold'schen Buchhandlung und bei dem Herausgeber D. Krause. Nebst 26 Stücken eines literarischen Anzeigers. (Enthält mehrere wissenschaftliche Abhandlungen des Herausgebers über Mathematik, Naturrecht, Geschichte, Geographie, Musik ꝛc.) (Vgl. C No. 9, 14 u. 17.) 1 Thlr. 12 Gr.

11. **Das Urbild der Menschheit**, ein Versuch. Dresden bei Arnold 1811. 2 Thlr. 8 Gr. — Zweite Auflage, 1851, Göttingen, in Commission der Dieterich'schen Buchhandlung. 1 Thlr. 20 Ngr.

12. **Lehrbuch der Combinationlehre und der Arithmetik** als Grundlage des Lehrvortrages und des Selbstunterrichtes, nebst einer neuen und fasslichen Darstellung der Lehre vom Unendlichen und Endlichen, und einem Elementarbeweise des binomischen und polynomischen Lehrsatzes, bearbeitet von *L. Jos. Fischer* und *D. Krause*, nach dem Plane und mit einer Vorrede und Einleitung des Letzteren. Erster Band. Dresden in der Arnold'schen Buchhandlung, 1812. 2 Thlr.

13. **Oratio de scientia humana** et de via ad eam perveniendi, habita Berolini 1814. Venditur Berolini in Bibliopolio Maureriano. (Vgl. C No. 17.) 4 Gr.

14. **Von der Würde der deutschen Sprache** und von der höheren Ausbildung derselben überhaupt, und als Wissenschaftsprache insbesondere. Dresden, 1816. 10 Gr.

15. **Ausführliche Ankündigung** eines neuen vollständigen Wörter=
buches oder Urwortthumes der deutschen Volksprache. Dresden,
bei Arnold 1816. (32 S. gr. 8.) 2 Gr.
16. **Höhere Vergeistigung der echtüberlieferten Grundsymbole der
Freimaurerei** in zwölf Logenvorträgen von dem Vr. Krause;
3te, unveränderte, mit einer Uebersicht des Zweckes und In=
haltes der Schrift über die drei ältesten Kunsturkunden ver=
mehrte Ausgabe. Dresden, bei dem Verfasser und bei Arnold
1820. (Die erste Ausgabe erschien 1809.) 1 Thlr.
17. **Theses philosophicae XXV.** Gottingae 1824. (Vgl. C. No. 17.)
18. **Abriss des Systemes der Philosophie,** erste Abtheilung. Für
seine Zuhörer, 1825. Im Buchhandel, 1828. Göttingen, in
Commission der Dieterich'schen Buchhandlung. (Vgl. C No. 12.)
16 Gr.
19. **Darstellungen aus der Geschichte der Musik** nebst vorbereiten=
den Lehren aus der Theorie der Musik. Göttingen, in der
Dieterich'schen Buchhandlung 1827. 18 Gr.
20. **Abriss des Systemes der Logik,** für seine Zuhörer, 1825.
Zweite, mit der metaphysischen Grundlegung der Logik und
einer dritten Steindrucktafel vermehrte Ausgabe. 1824. Ebendaselbst in Commission. 1 Thlr. 12 Gr.
21. **Abriss des Systemes der Rechtsphilosophie** oder des Naturrechts. 1828. Ebendaselbst in Commission. 1 Thlr. 12 Gr.
22. **Vorlesungen über das System der Philosophie.** 1828. Eben=
daselbst in Commission. (Vgl. C. No. 18.) 3 Thlr. 8 Gr.
23. **Vorlesungen über die Grundwahrheiten der Wissenschaft,** zugleich in ihrer Beziehung zu dem Leben. Nebst einer kurzen
Darstellung und Würdigung der bisherigen Systeme der Philosophie, vornehmlich der neuesten von *Kant, Fichte, Schelling*
und *Hegel*, und der Lehre *Jacobi's*. Für Gebildete aus allen
Ständen. 1829. Ebendaselbst in Commission. (Vgl. B No. 8.)
3 Thlr. 8 Gr.
24. (Anonym.) **Geist der Lehre Immanuel Swedenborg's.** Aus
dessen Schriften. Mit einer katechetischen Uebersicht und voll=
ständigem Sachregister. Herausgegeben von Dr. J. M. C. G. Vor=
herr, 1832. München, bei E. A. Fleischmann. 12½ Ngr.
Anmerk.: Die meisten dieser Schriften sind vergriffen.

B.

Nach dem Tode des Verfassers erschienen aus seinem
handschriftlichen Nachlasse von verschiedenen Herausgebern:
1. **Die Lehre vom Erkennen und von der Erkenntniss,** oder: Vorlesungen über die analytische Logik und Encyclopädie der Philosophie für den ersten Anfang im philosophischen Denken.
Herausgegeben von *H. K. von Leonhardi*. Mit drei lithograph.
Tafeln. 8. 1836. Göttingen, in Commission der Dieterich'schen
Buchhandlung. 3 Thlr.

2. **Vorlesungen über die psychische Anthropologie.** Herausgegeben von Dr. *H. Ahrens.* 8. 1848. Ebendas. 2 Thlr. 10 Ngr.
3. **Die absolute Religionsphilosophie** im Verhältnisse zum gefühlglaubigen Theismus, und nach ihrer Vermittelung des Supernaturalismus und des Rationalismus. Dargestellt in einer philosophisch-kritischen Prüfung und Würdigung der religionsphilosophischen Lehren von *Jacobi, Bouterwek* und *Schleiermacher.* Herausgegeben von *H. K. von Leonhardi.* Zwei Bände in 3 Abtheilungen. 8. 1834—1843. Ebendaselbst. — Erster Band, 1834, nebst Sachverzeichniss zum ganzen Werk, 1836. 3 Thlr. 10 Ngr. Zweiter Band. I. Abth., 1836. 1 Thlr. 20 Ngr. II. Abth. (die Kritik *Schleiermacher's* enthaltend, die auch einzeln abgegeben wird). 1 Thlr. 20 Ngr. — Daraus ist besonders abgedruckt: Ergebniss der Kritik *Jacobi's* und *Bouterwek's.* 22$^{1}/_{2}$ Ngr.
4. **Novae theoriae linearum curvarum specimina V,** ed. *H. Schroeder,* Professor. (Cum figurarum tabulis XV.) 4. 1835. Ebendaselbst, sowie auch in München in Commission bei E. A. Fleischmann. 1 Thlr. 25 Ngr.
5. **Abriss der Aesthetik oder der Philosophie des Schönen und der schönen Kunst.** Herausgegeben von Dr. *J. Leutbecher.* 8. 1837. Göttingen, in Commission der Dieterich'schen Buchhandlung. 20 Ngr.
6. **Anfangsgründe der Theorie der Musik,** nach den Grundsätzen der Wesenlehre. Vorlesungen für Gebildete aus allen Ständen. Herausgegeben von *V. Strauss.* 8. 1838. Ebendaselbst. 1 Thlr. 5 Ngr.
7. **Geist der Geschichte der Menschheit,** erster Band; oder: Vorlesungen über die reine d. i. allgemeine Lebenlehre und Philosophie der Geschichte, zu Begründung der Lebenkunstwissenschaft. (Mit einer erläuternden Steindrucktafel und dem Bildnisse des Verfassers.) In einem Bande. Für Gebildete aus allen Ständen. Herausgegeben von *H. K. von Leonhardi.* 8. 1843. Ebendaselbst. 3 Thlr. 10 Ngr.
8. **Vorlesungen über die Grundwahrheiten der Wissenschaft,** zugleich in ihrer Beziehung zu dem Leben. 1. Band. Auch unter dem Titel: **Erneute Vernunftkritik.** Zweite, vermehrte Auflage. Prag 1868. Verlag von F. Tempsky. (Vgl. A No. 23.) 280 S.
9. **Vorlesungen über Rechtsphilosophie.** Herausgegeben von *K. D. A. Röder.* Leipzig, F. A. Brockhaus. 1874. 9 Mark.

Ausserdem erschien folgender bereits vergriffener Auszug aus einer Handschrift Krause's über das Eigenthümliche der Wesenlehre: **Uebersichtliche Darstellung des Lebens und der Wissenschaftlehre** *Karl Chr. Fr. Krause's* und dessen Standpunktes zur Freimaurerbrüderschaft. Von *H. S. Lindemann,* Dr. philos. 8. 1839. München in der Fleischmann'schen Buchhandlung.

Von den vorverzeichneten Werken sind in den Verlag von **Otto Schulze** in Leipzig übergegangen und zu den beistehenden ermässigten Preisen durch jede Buchhandlung zu beziehen:

Abriss des Systems der Logik. 2. Ausg. Göttingen 1828. 1 Mark.

Abriss des Systems der Philosophie. 1. Abtheilung. Göttingen 1828. 50 Pfennig.

Abriss des Systems der Rechtsphilosophie oder des Naturrechts. Göttingen 1828. 1 Mark.

Das Urbild der Menschheit. 2. Auflage. Göttingen 1851. Mark 1.50.

Abriss der Aesthetik oder der Philosophie des Schönen und der schönen Kunst. Herausgegeben von *J. Leutbecher*. Göttingen 1837. 50 Pfennig.

Anfangsgründe der Theorie der Musik. Herausgegeben von *Victor Strauss*. Göttingen 1838. 50 Pfennig.

Die absolute Religionsphilosophie in ihrem Verhältnisse zum gefühlgläubigen Theismus. Herausgegeben von *Hermann von Leonhardi*. 2 Bände. Göttingen 1834—1843. 5 Mark.

Die Lehre vom Erkennen und von der Erkenntniss. Herausgegeben von *Hermann von Leonhardi*. Göttingen 1836. 4 Mark

Geist der Geschichte der Menschheit, oder: Vorlesungen über die reine Lebenlehre und Philosophie der Geschichte. Herausgegeben von *Hermann von Leonhardi*. Göttingen 1843. 4 Mark.

Vorlesungen über die psychische Anthropologie. Herausgegeben von *H. Ahrens*. Göttingen 1848. 2 Mark.

Erneute Vernunftkritik. 2. Auflage. Prag 1868. 2 Mark.

C.

Im Verlage von **Otto Schulze** erschienen aus dem handschriftlichen Nachlasse *Karl Christian Friedrich Krause's*, von den Herausgebern Dr. **Paul Hohlfeld** und Dr. **August Wünsche** bis jetzt folgende Schriften:

1. **Vorlesungen über Aesthetik oder über die Philosophie des Schönen und der schönen Kunst.** 1882. 392 S. 7 Mark.

2. **System der Aesthetik oder der Philosophie des Schönen und der schönen Kunst.** 1882. 440 S. (Zur Kunstlehre, I. Abtheilung.) 8,50 Mark.

3. **Die Dresdner Gemäldegallerie** in ihren hervorragendsten Meisterwerken beurtheilt und gewürdigt. 1883. 106 S. (Zur Kunstlehre, II. Abtheilung.) 2,50 Mark.

4. **Die Wissenschaft von der Landverschönerkunst.** 1883. 68 S. (Zur Kunstlehre, III. Abtheilung.) 2 Mark.
5. **Reisekunststudien.** 1883. 230 S. (Zur Kunstlehre, IV. Abtheilung.) 5 Mark.
6. **Vorlesungen über die Methode des akademischen Studium** nebst den zu Grunde gelegten Dictaten. 1884. 57 S. 1,50 Mark.
7. **Vorlesungen über synthetische Logik nach Principien des Systems der Philosophie des Verf.** 1884. 104 S. 3,50 Mark.
8. **Einleitung in die Wissenschaftslehre.** 1884. 111 S. 3 Mark.
9. **Vorlesungen über angewandte Philosophie der Geschichte.** 1885. 308 S. 7 Mark.
10. **Der analytisch-inductive Theil des Systems der Philosophie.** 1885. 120 S. 3 Mark.
11. **Reine allgemeine Vernunftwissenschaft** oder Vorschule des analytischen Haupttheiles des Wissenschaftgliedbaues. 1886. 166 S. 3,50 Mark.
12. **Abriss des Systems der Philosophie.** 1. und 2. Abtheilung. 1886. 210 S. (Betreffs der 1. Abtheilung vergleiche unter A No. 18.) 3,50 Mark.
13. **Grundriss der Geschichte der Philosophie.** 1887. 481 S. 11 Mark.
14. **System der Sittenlehre.** I. Versuch einer wissenschaftlichen Begründung der Sittenlehre. Zweite, vermehrte und verbesserte Auflage. (Vergl. unter A No. 9.) II. Abhandlungen und Einzelgedanken zur Sittenlehre. 1888. 706 S. 15 Mark.
15. **Zur Geschichte der neueren philosophischen Systeme.** 1889. 313 S. 8 Mark.
16. **Grundriss der Philosophie der Geschichte.** 1889. 186 S. 4 Mark.
17. **Philosophische Abhandlungen.** 1889. 404 S. 9 Mark.
18. **Vorlesungen über das System der Philosophie.** 2 Bände. 1. Bd.: Der zur Gewissheit der Gotteserkenntniss als des höchsten Wissenschaftprincipes *emporleitende Theil*. 2. verm. Aufl. 1889. 450 u. LII S. 9 Mark. 2. Bd.: Der im Lichte der Gotteserkenntniss als des höchsten Wissenschaftprincipes *ableitende Theil*. 2. verm. Aufl. 1889. 377 S. 9 Mark. (Vergl. unter A No. 22.) Beide Bände zusammen 18 Mark.

    Register zu dem gesammten Werke, von *M. Trömel*. 1891. 67 S. 1,50 Mark.
19. **Das Eigenthümliche der Wesenlehre** nebst Nachrichten zur Geschichte der Aufnahme derselben, vornehmlich von Seiten deutscher Philosophen. 1890. 292 S. 6 Mark.

20. **Anschauungen, oder Lehren und Entwürfe zur Höherbildung des Menschheitlebens.** 1. Bd. 1890. 220 S. 4,50 Mark.
    2. Bd. 1891. 389 S.   8,50 „
    3. Bd. 1892. 327 S.   6,— „
21. **Anfangsgründe der Erkenntnisslehre.** 1892. 222 S. 4,50 „
22. **Zur Religionsphilosophie und speculativen Theologie.** 1893. 173 S.   3,50 Mark.

In gleichem Verlage sind aus dem handschriftlichen Nachlasse *Karl Christian Friedrich Krause's* veröffentlicht:

Mollat, G., Dr. jur. Grundlage des Naturrechtes oder philosophischer Grundriss des Ideales des Rechtes. *1. Abtheilung:* Die weltbürgerlichen Rechte um der Weisheit, Liebe und Kunst willen. 2. vermehrte Auflage. 1890. 153 S. (Vergl. unter A. No. 2.) 3,50 M. *2. Abtheilung:* Die weltbürgerlichen Rechte um der Tugend, um der Religion, um des Bundes für schöne Vernunftindividualität und um der Endlichkeit willen. 1890. 206 S. 3,50 M. Beide Bände zusammen 7 M.

Wünsche, August, Prof. Dr. theol. et phil. **Zur Sprachphilosophie.** 1891. 118 S.   3 Mark.

Le Système de la Philosophie par *Karl Christian Friedrich Krause*. *La Théorie de la Science*. Tome. I. Ouvrage traduit de l'Allemand par Lucian Buys. 1892. 314 S.   6,— Mark.

www.ingramcontent.com/pod-product-compliance
Lightning Source LLC
Chambersburg PA
CBHW031404160426
43196CB00007B/890